联合国与模拟联合国

UNITED NATIONS
AND MODEL UNITED NATIONS

西北工业大学模拟联合国团队　编
阮红梅　刘志贤　　　　　　主编

西北工业大学出版社

西安

图书在版编目（CIP）数据

联合国与模拟联合国／西北工业大学模拟联合国团队编；阮红梅，刘志贤主编. —西安：西北工业大学出版社，2018.10

ISBN 978 - 7 - 5612 - 6062 - 3

Ⅰ. ①联⋯ Ⅱ. ①西⋯ ②阮⋯ ③刘⋯ Ⅲ. ①联合国—基本知识 Ⅳ. ①D813.2

中国版本图书馆 CIP 数据核字（2018）第 180263 号

LIANHEGUO YU MONI LIANHEGUO
联合国与模拟联合国

策划编辑：雷　鹏
责任编辑：李文乾

出版发行：西北工业大学出版社
通信地址：西安市友谊西路 127 号　　邮编：710072
电　　话：(029) 88493844　88491757
网　　址：www.nwpup.com
印 刷 者：陕西天丰印务有限公司
开　　本：727 mm×960 mm　　1/16
印　　张：13.375　插页：14
字　　数：160 千字
版　　次：2018 年 10 月第 1 版　2018 年 10 月第 1 次印刷
定　　价：58.00 元

《联合国与模拟联合国》
编委会

主　编：阮红梅　刘志贤

编　委：万小朋　李小聪　王　健　李云平
　　　　马　静　卜雅婷　刘　菲　韩　荣
　　　　王　倩　孙　荧　王　娟　杨惠英
　　　　向　丹　李　振　张　石　李　霓
　　　　程训焘　李扬迪　武　坚　梁　田
　　　　陈　曦　王竞秀　钱　成　关　心
　　　　刘馨怡　顾一凡　邬泊宁　范　峥
　　　　钦伟伦　吴罗柽　马旭东　钦伟伦
　　　　赵延熙

UNITED NATIONS AND MODEL UNITED NATIONS

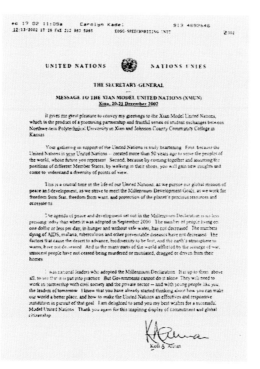

2002年西北工业大学举办首届模拟联合国大会，时任联合国秘书长安南致贺信

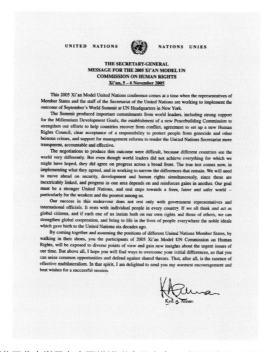

2005年西北工业大学承办中国模拟联合国大会，时任联合国秘书长安南致贺信

中国联合国协会
UNITED NATIONS ASSOCIATION OF CHINA
享有联合国经社理事会咨商地位
NGO in consultative status with ECOSOC of the United Nations

创站开展模拟联合国教育活动，加强人文素养培育，培养具有领导决策力的国际化专业人才。

题西北工业大学模联活动十周年

陈健 2011.5.12

地址：北京南池子 71号　　邮编：100 006　　网址：www.unachina.org
电话：010-6512 0585/6　　传真：010-6523 6093　　电邮：secretariat@unachina.org

前联合国副秘书长、时任中国联合国协会会长陈健题词

联合国是当今世界最具代表性和权威性的政府间国际组织。自成立以来，联合国始终坚持不懈地努力维护世界和平与安全，推动国际协调与合作，促进全球经济与社会发展，为人类社会的和平与发展发挥了不可替代的作用，做出了巨大贡献。联合国不是超级国家，也不是万能的世界政府。联合国的权力都是成员国集体赋予的。尽管联合国在某些问题上无所作为或束手无策而令人失望，但是70多年的历程已经并将继续证明，联合国积极而独特的作用不可忽视，不可小视。正如2004年联合国改革名人小组在其报告中所指出的那样"倘若没有联合国，1945年之后的世界很可能更加血腥"。在全球化进程不断深入的今天，面对连绵不断的局部战争和地区冲突，四处蔓延的恐怖活动，日益严重的生态环境和跨国犯罪，难以根除的贫困和难民问题，以及需要全人类共同应对的新挑战、新威胁，我们更需要联合国，希望联合国发挥更大的作用。

中国是第一个在《联合国宪章》上签字的国家，是联合国的创始会员国，是安全理事会五个常任理事国之一，肩负有特别的责任和使命。70多年来，作为一个负责任的大国，中国积极倡导多边主义，始终支持联合国的宗旨和目标，为维护世界和平、促进全球共同发展发挥了建设性作用。近些年来，中国经济不断发展，综合国力日益提升，在外交上展现了前所未有的自信,展示出了大国特色、大国气度、大国魅力和大国担当。尤其是中国共产党第十八次代表大会以来,习近平主席站在人类历史发展进程的高度,提出构建以合作共赢为核心的新型国际关系,打造人类命运共同体以及倡导正确义利观、新安全观、全球治理观等一系列新理念、新主张。这些新理念和新主张赢得了国际社会的广泛支持和赞赏,并载入联合国决议和国际会议文件。中国本着力所能及的原则积极承担更多的国际责任和义务,深入参与国际维和行动,努力打击网络犯罪和恐怖主义活动,积极推动裁军和防扩散,合力应对气候变化等全球性挑战和重大地区热点问题,主动提供"一带一路"为代表的全球公共产品,力争为维护世界和平、推动经济发展、促进人权事业做出重大贡献。这充分体现了中国将自身发展同世界共同发展相统一的全球视野、世界胸怀和大国担当。

如今,中国正站在新的历史起点,时代赋予了我们新的伟大历史使命。这一新的使命要求我们必须不断学习、锐意进取、勇于开拓,在国际舞台上争得更多的话语权和代表权,能够讲好中国故事、贡献中国智慧、提出中国方案。而这一使命的完成,要求我们教育工作者加快步伐、加大力度,尽快培养出一大批了解国情民情、熟悉国际事务、懂得国际规则、掌握外语工具的精英人才、复合型学子。只有这样,我们才能适应国际形势日益变化的需要,才能跟上中国对外交往日益广泛的需要,才能承担并完成党和国家赋予我们的艰巨任务和历史使命。

近年来,国内高校综合素质教育在大学生中催生了模拟联合国活动,并生机勃勃、遍地开花,几乎走入全国各个校园。

模拟联合国,顾名思义,是一个与学习联合国知识、锻炼多边外交能力密切相关的活动。青年学生通过模拟联合国活动,了解联合国、了解各国国情、了解世情。在模拟联合国活动中，学生们扮演各个国家的外交官，通过模仿国际组织的运作方式和议事规则，围绕重大国际问题召开会议和展开讨论。这些"外交官"们参与到"联合国会议"当中，依据流程，通过提交立场文件、阐述观点和主张、开展政策辩论和磋商、进行投票表决、形成决议文件等模拟程序，亲身感受代表国家在联合国舞台上纵横捭阖的巨大魅力。通过模拟活动，学生感同身受，增强了公民意识和担当精神，强化了责任感和爱国情，激发了正能量和责任心。

应该看到，模拟联合国活动不仅为大学生认知联合国、拓宽国际视野、感受多边外交提供了一个良好平台，而且也有利于培养和提升他们的综合素质和能力，包括沟通与协调、理解与合作、坚持与让步等等。学生通过模拟联合国活动，可以更好地把握当前国际形势中的突出问题及其症结所在，可以了解有关国家的相关立场和利益诉求，可以学习国际通用的流程和规则，还可以将自己所掌握的国际政治知识与实际操作结合起来，加以体验、体会，进而达到升华之目的。模拟联合国会议不是简单的角色扮演，更不是英语秀或英文辩论赛，它要求学生具有强烈的责任意识和合作态度，懂得自己所肩负的使命以及对国家、对全球的重大责任。同时，面对文化背景不同、立场各异的众多参会方，要求"外交官"能够学会尊重对手、换位思考，懂得"求同存异、合作共赢"的道理，从而谋求双赢多赢而不是零和博弈；要求"外交官"精通业务，熟悉政策，掌握谈判技巧，具有很好的表达能力和说服能力；要求"外交官"能够以国家眼光和战略高度思考问题，判断利弊，最大限度地维护国家利益。

模拟联合国活动对大学生的全面发展和成长，对培养复合型人才、打造外交外事队伍和国际公务员后备军大有裨益；模拟联合国活动可以为广大学生走向社会、走向世界，成长为拥有国际视野的才俊打下坚实的基础。同时，模拟联合国活动还为学生们打开了一扇窗，促进了国内外学子之间的交流。学生们可以结识朋友，收获友谊，积累人脉关系。我想这正是模拟联合国活动的魅力所在，也是模拟联合国活动广受欢迎的根本原因。

模拟联合国始于20世纪50年代，发源于美国，逐渐扩散至全球。模拟联合国在中国起步比较晚，只有十几年的时间，由中国联合国协会引入。2002年，中国联合国协会与外交学院共同举办了一次面向北京高校的模拟联合国会议。这应该是中国的首次模拟联合国活动。之后，中国联合国协会开始每年举办一次面向全国大学生的模拟联合国大会，参加的高校和学生逐年增多。可以说，每举办一次活动，就是一次有力的推动，起到了不断催化和普及的作用。如今全国模拟联合国大会的规模已达到参与院校300多所，遍布全国各地，这真是可喜可贺。

本人初次接触模拟联合国活动是2008年在欧洲的时候。当时，荷兰海牙市举办国际模拟联合国大会，邀请各国驻荷兰的大使馆和国际组织派代表参加开幕式。我有幸作为国际禁止化学武器组织的代表参加。记得当时外交官们高举本国或本组织的旗帜，偕扮演相应国家或国际组织的学生"外交官"一并列队步入会场。大会堂座无虚席，海牙市市长莅临并致欢迎词，会场气氛热烈，十分隆重。但是，我真正了解并认识到模拟联合国的魅力，还是在2014年1月到中国联合国协会工作之后。在走访高校的调研过程中，我注意到院校各级领导无不积极评价模拟联合国活动，一致认为这是个非常好的平台。通过这个平台，学生可以积聚能量、拓展经验、提升视野、懂得博弈、激发爱国热情，为将来在国际舞台上讲好中国故事、贡献中国智慧、提供中国方案、展示中国风度和魅力奠定良好的基础。这引起了我的兴趣和关注。在此后的实际工作中，我也很快地尽己所能支持学校开展模拟联合国活动。考虑到有的学校参与模拟联合国活动起步比较晚，且缺少学术知识和指导经验，中国联合国协会于2015年在贵州大学专门举办了一期"模拟联合国指导教师培训班"，邀请中、外经验丰富的教师前来讲座和指导。由于深受欢迎和实际需要，此后协会每年举办一期。同年，协会还顺势推动成立了开放式的"模拟联合国指导教师联席会"（简称"联席会"），自愿参加，旨在通过这个平台，老师们可以交流经验、分享信息、互相学习，共同提高指导水平。这个机制倍受支持，参与的人数逐渐增多，遍布全国各地，指导教师很快超过200位。西北工业大学阮红梅教授在大家一致推选下当选为联席会首任主席。

基于对模拟联合国活动的关注和支持，当西北工业大学联合国研究与教学中心执行主任、模拟联合国团队资深指导教师、外国语学院阮红梅教授邀我共同编写此书时，我欣然答应。自知资历浅薄、经验有限，但我愿意借此机会把自己对模拟联合国活动的真实看法和感受分享给读者。工作中我了解到，如果说在中国最早举办模拟联合国活动的是中国联合国协会的话，那么最早成立模拟联合国团队的学校是西北工业大学；而国内最早组团走出国门，参加国际模拟联合国活动的学校也是西北工业大学。这恐怕是很多人没有想到的。

2001年，在美国堪萨斯州Johnson County Community College（JCCC）进修的阮红梅老师因偶然的机会参加了该校的模拟联合国活动，代表该校赴纽约参加了国际会议。她惊喜地发现，这是个培养学生全面发展的平台，值得"洋为中用"。结业回国后，她向学校介绍了该项活动，并得到学校领导的大力支持。她随即组建了西北工业大学模拟联合国团队。经过筛选、培训等一系列紧锣密鼓的准备，2002年4月，阮红梅教授、王健教授带领团队的 6 名学生赴纽约参加了国际模拟联合国大会，并首次步入联合国总部会议大厅。大家知道，当时模拟联合国在中国是个全然陌生的活动，这项活动能被学校接受实属不易。在此，我为阮老师对新生事物的敏锐嗅觉和执着追求表示敬佩，更为西北工业大学各级领导的远见卓识、敢于创新和勇于接受新生事物点上一百个赞。模拟联合国的魅力在该校吸引了越来越多的学生，也激发了教师和学生的热情投入。模拟联合国团队在西北工业大学一路前行、薪火相传，经历了 17 年的风风雨雨。这期间有艰辛，有汗水，更有快乐和累累硕果：学生素质得到全方位的提高，师生之间建立起深厚的友情。

显而易见，西北工业大学轰轰烈烈的模拟联合国活动对全国模拟联合国活动的开展具有巨大的推动作用，而且在西北、西南地区，甚至全国，都起到了引领作用。

基于模拟联合国活动的教育意义，更是因为该活动深得学生喜爱，早在 2002 年，西北工业大学第一次将模拟联合国活动立为素质教育改革项目。通过课堂教学和培训、参会和办会、实习和海外交流，培养学生提升综合素质、立体式全面发展。团队的努力取得了成功，2009 年西北工业大学模拟联合国教改项目获得国家优秀教学成果二等奖。然而，他们没有满足，更没有止步，而是继续前行。2015 年 9 月，西北工业大学成立了"联合国研究与教学中心"。相信他们在开展联合国研究、深化多边外交知识教育、推进国际化人才培养等方面一定会再创佳绩。

这本《联合国与模拟联合国》内容丰富，学术扎实，分析透彻，点拨到位，很有参考价值。本书上篇简要介绍联合国相关知识。联合国是个多边外交大舞台，全世界都十分重视，各国在这里积极发声，宣介自己的立场和主张，探讨国际交流与合作。与此同时，它也是世界政治、安全、经济、社会、文化等各种利益交织和博弈的缩影。因此，联合国的运作机制、联合国领域的热点问题等都值得学习和关注，这对了解国际形势变化、把握热点问题症结、分析国际格局与走向都是十分有益的。下篇以模拟联合国为平台，帮助学生解析多边外交技巧、全球热点问题、国际会议规则、模拟联合国基本要领和素质要求，以更好地引导学生关心国际时政，冷静分析判断，重视掌握和运用规则。同时，培养学生学会沟通、谈判、斡旋、博弈和换位思考，懂得既要坚持原则立场，又能适当灵活，从而取得双赢、共赢的结果；激励和鞭策学生做一个有中国情怀、全球视野、志存高远和有理想、有信念的复合型学子。

本书对主办和参加模拟联合国活动的指导教师和学生、对有志于从事外交外事工作的学子、对国际公务员后备人员的培训等，都是十分有益的教材。

刘志贤

2018 年 5 月

　　《联合国与模拟联合国》这本教材从酝酿到完稿，历时近十年，是西北工业大学模拟联合国团队师生集体创作的结晶。

　　做模拟联合国已是17年前的事情，回想当初成立西北工业大学模拟联合国团队的时候，国内还没有氛围，既没有模版也没有同伴。17年来，感触很多、也很深。但从来没想过要写成文字，虽然我跟团员李振、张石同学说过很多次，说我要写一本书，名字就叫《有这样一个团队》，但一直没写，一个字都没写。说起来是没时间，总在忙碌中，实际上还是心不静吧。或许等我退休了，就能静静地写了。但是，当我准备为这本教材写些什么的时候，往事汹涌，历历在目，那年那月的每一个人，每一件事，17年间团队的每一位学生，每一位老师，他们带着欢笑、带着泪水、带着激情、带着疲惫，如电影镜头般闪现在眼前，他们的面庞，他们的声音，竟清晰得不似幻境。

　　那是2001年，我在美国堪萨斯州JCCC大学进修。我选修的课程中有一门是国际关系，这门课的老师Mr. Belzer也是该校模拟联合国团队的导师。这门课的教学内容就包括课后的模拟联合国培训，我每周末参加这个培训，也渐渐熟悉了模拟联合国会议的程序和议题的讨论。在一次模拟联合国参会培训课之后，Mr. Belzer问我说，有个参会的学生退出了，你愿意加入吗？我当时对参加模拟联合国大会完全是一头雾水，只知道我要代表某一个国家，以这个国家的外交官身份在联合国某一个委员会上做关于某一个议题的发言。大概就是无知者无畏吧，我没有多想就同意了，正式加入他们的团队，然后很有力度地接受培训，以学生代表的身份参加会议。2001年4月，纽约，国际模拟联合国大会（NMUN）。正式进入议程后有三天的会议，我当时代表法国，位于经社委员会。会议进程中，我没有觉得自己一轮轮的发言有什么影响力，但是，我本能地以教师的角度，感受到了这个大会极具影响力的作用。我看到那些年轻的大学生们，风度翩翩，侃侃而谈，发表着关于国际热点问题的见解，或演讲，或游说，或谈判，或妥协，最终达成共识，举止间流露出淡定的自信，言语间闪烁着理性的智慧。我当时在想，这些年轻人有这样的磨炼和成长的经历，将来就是世界舞台的领袖人物，可是他们中间没有一个中国大学生，中国大学也应该有这样的联合国教育，中国大学生也应该走上这样的国际平台，开拓眼界，锻炼能力，将来能够跻身世界舞台。于是，我很感慨地跟 Mr. Belzer 说："我们中国学生也行的，他们若是来参会，也能做得很好。"Mr. Belzer 很快接道："你回去带一支队伍来啊。咱们两校先建一支联队，明年纽约一起上会。"我们这样说的时候，完全就是一个 wild idea，开办这样一个在中国全然陌生的活动，我们当时预料，只不过就是说说而已。但是我们还是去跟各自的学校领导"说说"了，喜幸的是，两所大学的校领导给予了一路畅通的支持！这最终成就了西北工业大学模拟联合国团队——中国高校第一支以素质教育改革立项的模拟联合国团队。感谢当年姜澄宇校长、叶金福书记、杨蜀康副书记的决策及批复的资助，感谢王润孝副校长的统筹管理与协调。感谢时任教务处处长、现任学校副校长万小朋，感谢他一直以来持久的支持与引领，感谢时任教务处副处长李小聪，感谢他亲力亲为的付出与指导，是他们对教育的情怀，对人才培养的担当，使得西北工业大学模拟联合国活动能作为先锋勇敢起步，能在最艰难的时刻坚定跋涉，开创了今天广阔的天地，这是西北工业大学给予学生的"喜幸"。2001年12月31日，Mr. Belzer亲赴西安，见证西北工业大学模拟联合国团队成立。衷心感谢时任西北工业大学外语系主任王健教授的大力支持和积极推动。衷心感谢我当年进修的学校JCCC学院，感谢JCCC教师Mr. Belzer的鼎力相助。当时经过笔试和面试，在100多个候选人中选拔了16人，成为模拟联合国团队第1期成员，教改班大三学生毛晓宇、李振分别担任团队第一届主席、副主席。2002年4月，我和王健教授带了6名队员：毛晓宇、李振、张鑫、张昀、刘菲、杜可君，飞赴纽约参会。只时隔一年，中国第一支参会队伍就站在了联合国总部！那个wild idea就这样实现了。

团队成立之时，中国各大高校还没有开始成规模地做模拟联合国这项活动，我们当时拜访了中国联合国协会（简称"联协"），寻求专业支持。时任协会总干事的周欲晓大使受邀来访西北工业大学，开启了西北工业大学和中国联合国协会历时17年的合作。一路走来，联协给予了我们莫大的支持与鼓励。衷心感谢联协历届会长金永健大使、陈健大使、卢树民大使、吴海龙大使给予我们的大力支持及莅临指导，感谢联协副会长兼总干事周欲晓、庞森、张小安、刘志贤、张丹，以及副总干事张云飞、叶学农的支持和指导，给予我们很多宝贵的学习提升机会，感谢联协张毅处长、颜亮处长、李雪瑶干事、刘青干事长期以来一直的支持与合作。特别感谢刘志贤副会长，感谢他对中国高校模拟联合国活动规范化与专业化所做的推进工作，更加感谢他离休之后，一如既往，继续为中国国际化人才培养不遗余力地奉献、付出。对刘志贤副会长为编写本教材所付出的辛劳，感激之至！

2002年这一年，第1期16名队员，尤其是赴纽约参会的6名队员，成了模拟联合国活动的先期骨干，参加并参与举办了各种会议活动，在成长中塑造着团队。一年一年，团队精神，团队能力，薪火相传。国际模拟联合国大会我们年年参加，年年获奖。2005年，我们和中国联合国协会合作，承办了第二届中国模拟联合国大会。2008年，我们和纽约国际模拟联合国大会主办方合作，共同举办了纽约国际模拟联合国大会西安分会，大大促进了模拟联合国在中国的发展，并开创了纽约国际模拟联合国大会境外办会的新模式。2014年，团队再度和中国联合国协会合作，承办了中日韩青年论坛暨模拟联合国大会。2009年，我们的模拟联合国教改项目获得国家优秀教学成果二等奖。2015年9月，中国联合国协会和西北工业大学合作成立了西北工业大学联合国研究与教学中心，以深化大学联合国教育，推进国际化人才培养。

17年来，模拟联合国活动作为一项教改活动，有课堂教学、培训、参会、办会、海内外实习活动，非常耗时、耗精力，教师需要付出时间，学生更需要付出大量时间。但是，这项活动的魅力一直吸引着模拟联合国师生们的投入和激情。李云平、马静、卜雅婷、刘菲、韩荣、王娟、王倩、杨惠英、孙茨、向丹这些团队教师们对模拟联合国的大力投入并没有"教学单位"的约束，完全是无私的付出，凭的就是对模拟联合国教育理念的认同，17年来坚守不弃，默默奉献。让我感受更为强烈的是，学生们对模拟联合国活动的热情和投入。他们珍视团队荣誉，集体归属感特别强烈，为自己是西北工业大学模拟联合国团队的一员感到骄傲，为自己能为团队做事感到骄傲。他们对待团队工作精益求精、追求完美，不计回报地百分百投入，很多次在我感到要做不下去的时候，是学生们推动着团队不断跋涉，执着前行。在团队

10周年纪念册中，在每一届学生的退队仪式上，学生们表达了对团队强烈的热爱和眷恋，把团队视为他们大学生活最珍贵的青春记忆，并且改变和影响着他们的一生。

我常常思考：是什么使模拟联合国活动这么具有吸引力？那是因为这项活动给了年轻人一个展示自己梦想和能力的舞台。在这里，他们思考、表达、合作、达成共识，他们可以超越课堂千篇一律的答案，可以有自己的思考，可以自主决策，可以和伙伴们为了一个共同的梦想而一起努力。这其中的梦想、难关和荣誉给了伙伴们无限友谊；这其中走出校门、走出国门的眼界与天地，对世界问题的思考与见识，给了年轻人更远阔的追求，让他们体验着更深远的人生价值。这里是学生之间、师生之间缔结友谊的花园，因为共同的经历、共同的胜利，大家珍惜着共同的荣誉。十七年的我们风风雨雨，十七年的故事千千万万……

模拟联合国活动发起于西方国家，尤其是美国的大学。模拟联合国活动从模拟国际联盟算起的话，甚至比联合国的历史还要长。联合国成立后，模拟联合国活动在西方大学中更具规模，且稳定持久。模拟联合国活动走入中国是在20世纪末、21世纪初。我们可以了解到，1995—1999年间，外交学院和北京大学有过最早期的校园模拟联合国活动，2001年，西北工业大学成立了模拟联合国团队，这三所大学就是国内较早开展模拟联合国活动的学校。中国联合国协会积极推动了中国大学的模拟联合国活动的发展。2002年，中国联合国协会和外交学院联合主办了北京模拟联合国大会。2004年，他们又共同主办了首届中国模拟联合国大会，至今中国模拟联合国大会已经举办了14届，成为中国全国性模拟联合国大会的权威。在中国联合国协会的大力推动下，国内模拟联合国活动自2006年起便如雨后春笋般蓬勃发展，已成燎原之势。无论东西南北中，几乎所有大学都有模拟联合国活动，尽管各个学校开展这项活动的形式不一，但各有特色。毋庸置疑，大学的联合国教育得到了持续的深化与开拓。

联合国作为国际重要组织，在国际秩序平衡上起着重要作用，其历史已有70多年了。未来联合国还将继续发挥其维护国际和平和国际秩序的作用。在中国实力日益增强，拥有更多国际话语权的今天，以习近平同志为总书记的党中央提出了打造全球治理体系的战略思想，中国外交在全球治理中主动作为、勇于担当，成为推动全球治理体系变革的领跑者。中国需要有更多的人才在国际组织机构工作，需要和联合国有更密切的合作。因此，在大学阶段，在年轻人初入社会、树立理想、锻炼交流能力的重要阶段，为其提供有关联合国等国际组织的教育至关重要。教育部2017年7月发布6号文件《关于促进普通高校毕业生到国际组织实习工作的通知》，向各大高校提出了输送毕业生到国际组织实习工作的各方面要求，要做好政策、资金、宣传和培训等方面的工作，积极培养毕业生在国际组织实习工作的能力，并开拓多种途径。大学的联合国教育已是重中之重，它培养学生的联合国知识和联合国运作技能，让他们了解联合国，认识联合国，学习国际规则，把国家发展和国际规则结合起来，以全球意识为人类共同发展贡献力量。模拟联合国活动是联合国教育很好的平台，在这项活动中，学生模拟外交官身份，学习、运用国际规则，调研、了解国际热点问题，模拟代表他国立场，通过谈判、妥协等交流手段，达成共识，寻求共赢合作，这些对于培养年轻人的国际共赢意识、国际沟通能力、国际局势把握能力，起到了很好的促进作用。

本教材旨在以模拟联合国活动为平台，向学生讲授联合国知识，让学生全方位了解联合国，同时讲授联合国运作机制和国际规则，让学生了解运用国际规则解决国际争端的手段。本教材结合当前国际热点问题，引导学生关注并关切国际和平与安全、人权平等与保障以及贫穷与富裕的差异、发展与破坏的矛盾等可持续发展的问题。学生通过了解国际社会，建立全球、异己、利益、共赢的概念；学会沟通、妥协、谈判、主张、决策、达成共识；学会站在他人的立场换位思考；学会面对冲突时的外交思辨。从这里走出的学生，不仅有专业知识、技术实力，还具有表达主张和决策的能力、在冲突中达成共识的外交意识，他们将在未来的世界舞台发出中国声音。

谨在教材完稿之时，向辛勤付出的模拟联合国团队教师：李云平、马静、卜雅婷、刘菲、韩荣、王倩、孙荧、王娟、杨惠英、向丹等，向执笔初稿的模拟联合国团队队员：程训焘、李扬迪、武坚、梁田、王竞秀、陈曦、关心、刘馨怡、顾一凡、范峥等表示衷心的感谢！向17年来始终支持、指导模拟联合国活动开展的西北工业大学教务处、学生处、国际合作处、外国语学院的领导表示衷心的感谢！衷心感谢西北工业大学校领导对模拟联合国活动的肯定和支持！衷心感谢中国联合国协会一直以来的指导、引领和大力支持！

编写本书参阅了大量相关文献资料，尤其是联合国官方网站http://www.un.org/，在此深表谢意。

鉴于水平有限，书中定存在不妥之处，在此抛砖引玉，敬请批评指正。

阮红梅

2018 年 5 月

上篇 联合国

一、联合国成立史/ 2

二、联合国总部/ 14

三、联合国办事处/ 32

四、联合国运营模式/ 42

五、联合国的成就与面临的挑战/ 55

六、中国与联合国/ 68

下篇 模拟联合国

一、模拟联合国会议活动环节/ 77

二、模拟联合国会议调研/ 80

三、模拟联合国会议文件写作/ 103

四、模拟联合国会议演讲/ 127

五、模拟联合国会议的规则与流程/ 137

六、模拟联合国会议中的名词解释/ 167

七、模拟联合国会场策略 / 176

附 录

附录一 携手构建合作共赢新伙伴 同心打造
　　　 人类命运共同体 / 184

附录二 联合国系统图（中英文）/ 188

参考文献 / 192

上篇

联 合 国

联合国,是一个当代中国青年人既熟悉又陌生的组织。我们熟悉的是,中国是联合国创始成员国,中国是第一个在《联合国宪章》上签字的国家,中国在联合国安全理事会拥有常任理事国席位。然而,我们是否知道,从1949年起,新中国经过怎样艰苦卓绝的斗争,才恢复了中华人民共和国在联合国的合法席位?我们是否知道,敬爱的周恩来总理兼外交部长,是如何突破层层外交阻扰,一次又一次地向历任联合国秘书长和联合国大会主席申明,中华人民共和国政府代表中国在联合国唯一合法地位的?我们是否知道,为了冲破这些阻挠,从1949年到1971年,这将近22年的时间里,多少共和国的外交官呕心沥血,最终换来联合国大会第2758号决议的通过,从政治上、法律上、程序上公正彻底地解决了新中国在联合国的代表权问题?我们是否知道,这里的"政治""法律"和"程序"具体意味着什么?

习近平主席在2015年的新年贺词中说:"中国人民关注自己国家的前途,也关注世界的前途。非洲发生了埃博拉疫情,我们给予帮助;马尔代夫首都遭遇断水,我们给予支援,许许多多这样的行动展示了中国人民同世界各国人民同呼吸、共命运的情怀。"的确,进入21世纪的中国已经在国际社会中发挥着举足轻重的作用,逐渐成为负责任的大国。习近平主席在 2015 年 9 月第七十届联合国大会一般性辩论时表示,"我们要继承和弘扬联合国宪章的宗旨和原则,构建以合作共赢为核心的新型国际关系,打造人类命运共同体。"(讲话稿详见附录)我们青年人的生活和命运也和各国人民更加紧密地联系在一起。千年前的先贤讲究"穷则独善其身,达则兼济天下"。千年后的今天,中国的新一代早已踏上新时代的列车,到了更广阔的天地,追求与天下同"达"。但是,半个世纪前那些伴随共和国成长的"阻挠"并未随着新世纪钟声的敲响而烟消云散,我们的青年人对国门外的惊涛骇浪有多少了解?须知,中国将要承担的更重要、更广泛的国际责任,最终都将由青年人挑起,而我们是否准备好了迎接挑战呢?

挑战,永远让人心潮澎湃,也永远与机遇并存,而机遇总是亲睐有准备的人。这就是为什么中国教育界愈加关注并火热开展联合国研究与教学,为什么越来越多的中国大学推广并发展模拟联合国活动,为什么越来越多的中国青年学子在国际公务员的舞台上跃跃欲试、一展身手。

先让我们来学习一下联合国体系的来龙与去脉,为踏上这一充满挑战与机遇的舞台做好充分准备。

一、联合国成立史

联合国成立于第二次世界大战(以下简称"二战")结束后。那是 1945 年的春夏之交,4 月 25 日,来自世界上 50 个国家的 282 名代表参加了在美国旧金山举办的"联合国国际组织会议",起草了著名的《联合国宪章》。6 月 25 日,与会代表通过并签署了《联合国宪章》。10 月 24 日,经安全理事会 5 个常任理事国和大多数签署国的批准,《联合国宪章》正式生效。联合国于 1945 年 10 月 24 日正式成立。10 月 24 日也因此成了"联合国日"。

1945 年成立的联合国,看上去是个较为新鲜的事物,其实,它背后的历史潮流已经奔腾了千年。

回顾历史，远在史前时代，人类以部落聚居，依靠群体的力量，与残酷的自然界斗争进而繁衍生息。在今天陕西省西安市东郊的半坡遗址中，陈列着大量的矛、斧、铲、网坠、球和鱼叉等农业生产和渔猎工具，与这些工具相伴的，自然是各类动物的骨骼遗骸和骨质饰品。这些出土文物描绘着远古的原始图景：人类会选择避开凶猛的食肉动物，使用石质武器围攻较为弱小的食草动物。那用绳系起的石球，旋转着从猎手手中飞出，砸中并缠绕住猎物的下肢，让它束手就擒。这样惊险刺激的团队狩猎，给部落带来了大量的肉制品，使生存成为可能。但是，男人们的狩猎成果远远不如女人们种植作物的收成稳定。据测算，一个400人以上的半坡部落，最少种植有1500亩以上的耕地，所陈列的农耕工具有石斧、石锄、石镰、石磨盘等，还有石制和陶制的盛器。

窥一斑而知全豹。半坡遗址的原始图景向人们揭示着自古以来人类生存方式中男猎女耕的合作，也揭示了人类与自然界之间的"适者生存"。人类先祖能够不断发展壮大，靠的就是族群内互补的合作以及与自然界和其他部落的竞争。

合作的必要性在于一个人是不可能独立生活在社会中的，而竞争的必要性在于它是发展的必由之路。对于部落如此，对于国家更是如此。有史以来，为了争夺生存空间，为了争夺自然资源，国家间进行着数不胜数的"征讨杀伐"，同时也频频上演着"合纵连横"。合作与竞争从来就是一场不曾谢幕的"生死大戏"。

公元前八世纪到公元前五世纪的中国春秋时期，周王势力衰微，群侯纷争，列国雄起，绵绵战火中诸侯国间有过多次的休战会盟。每一次会盟都是受时势的催动，而王侯将相觥筹交错间暗涌的是各诸侯国为了更大的利益而展开的争斗筹谋。春秋最后一代霸主越王勾践本是败者，称臣于夫差，蛰伏多年，却趁吴国北上争霸、国内空虚之机，断其后路并重创吴国，直至灭吴，威震天下，从而在徐州与诸侯会盟，尊辅周室，完成了从"卧薪尝胆"到走向霸主的传奇。近乎是同一时期的古希腊，其城邦由雅典、斯巴达、底比斯、科林斯等200多个城市集合而成，各自为政，各奉其主。在希波战争中，希腊城邦结成了联盟，联手战胜了波斯帝国。胜仗之后，各城邦之间的权力抗衡使得雅典与斯巴达爆发了被称作古代世界大战的伯罗奔尼撒战争，斯巴达联盟获胜。随后，底比斯联盟又击败了斯巴达，直至马其顿的崛起，希腊衰败。这些烽火连绵的画卷大概是两千多年前"国际"斗争中联手合作、妥协求和、掣肘抗衡、称霸称雄的写照吧。

远古以来从未停歇的战争愈演愈烈，时至近代，在欧亚大陆上爆发了两次世界大战。19世纪末和20世纪初，在工业革命和民族主义的大潮中，分裂的德意志城邦为了在欧洲大陆的中心站稳脚跟、建立关税同盟、统一分散的城邦力量、完成国家统一，不断对外讨伐传统强权，争夺欧洲霸权，在1870年的普法战争中大胜法国。为了殖民地的资源和市场，德国不断挑战英、法等强权的全球利益。这一新旧势力之间为了不可调和的国家利益而对抗，终于在1914年引爆了第一次世界大战。德国、奥匈帝国、土耳其和保加利亚组成了同盟国阵营，对抗英国、法国、日本、俄国、意大利和中国等组成的协约国阵营。在这场历时4年的战争中，近7000万人卷入了这个疯狂的"绞肉机"。战争的创伤让人们无比渴望和平，胜利的协约国在巴黎凡尔赛宫的镜厅签署了《凡尔赛和约》（《协约国及参战各国对德和约》）。依据合约，"国际联盟"应运而生。国际联盟（League of Nations，简称"国联"），成立于1920年1月10日，是《凡尔赛和约》签订后组成的国际组织。国际联盟共有44个会员国，后来逐渐增加到63个国家，总部设在瑞士日内瓦（见图1）。

图1 国际联盟开幕会议（1920年）

战胜国借这个联盟经营着新的国际秩序，调解争端，处理纠纷，希冀还民众以和平。但利益的瓜分、权力的抗衡终究没有遏制住贪婪的野心，"促进国际合作和实现世界和平和安全"的国际联盟宣告失败，于1946年解散。

历史虽然总有重演，可其上演之快之烈，确实令世人震撼。人们还没有从创伤中完全恢复，又再度身陷磨难，世界大战再次爆发。

1931年，日军侵略中国东北；1935年，意大利入侵埃塞俄比亚；1937年7月7日，卢沟桥事变爆发，中国人民开始全面抗日；1939年9月1日，德国闪击波兰……这一次，全世界几乎所有的国家都被卷入了战争中。战火，从北平城外的卢沟桥烧到了英吉利海峡东岸的敦刻尔克，从上海、南京、香港、重庆烧到了巴黎、伦敦、罗马、莫斯科、柏林……关于战争的伤亡和损失有众多不尽相同的统计，有5000～7000万军民丧生。

二战给世界格局带来了根本性的变化，它造成了从大航海时代起就主导全球的欧洲的衰落，也促使美国和苏联这两个超级大国的崛起。

这一轮又一轮的残酷战争，使得饱受战争摧残的人们无比渴望和平，新的秩序、新的合作便紧随其后。这仿佛是世事的轮回，但这是人类对于和平的向往，是百折不挠的执着。二战之后，人们并没有因为国际联盟的失败而放弃对和平的渴望和合作的努力。1941年8月12日，美国总统罗斯福和英国首相丘吉尔在"大西洋某处"——纽芬兰阿根夏湾的英国战列舰"威尔士亲王"号上会晤，并发表联合宣言（见图2）。

图2 罗斯福与丘吉尔在"威尔士亲王"号上会晤（1941年）

8月13日，两国签署《大西洋宪章》，主要内容：两国不追求领土或其他方面的扩张；反对未经有关民族自由意志所同意的领土变更；尊重各民族自由选择其政府形式的权利，恢复被剥夺权利的国家；努力促使一切国家取得世界贸易和原料的平等待遇；促成一切国家在经济方面最全面的合作；在彻底摧毁纳粹暴政后确立和平，以使各国人民都能在其疆土之内安居乐业，使全体人类自由生活，无所恐惧，不虞匮乏；一切人类可以横渡公海大洋，不受阻碍；放弃使用武力，在永久的普遍安全制度建立之前解除侵略国的武装，以减轻爱好和平人民对于军备的沉重负担等。

《大西洋宪章》对鼓舞世界人民的反法西斯斗争，促进反法西斯联盟的形成起到积极的历史作用,并成为日后《联合国宪章》的基础(见图3)。

1942年1月1日,中、苏、美、英等26国在华盛顿签署了《联合国宣言》。宣言表示赞成《大西洋宪章》,并决心共同战败德、日、意的法西斯侵略,不到侵略国无条件投降,决不和敌国单独议和。该文件第一次正式使用"联合国"这个词,标志着反法西斯联盟正式形成。

1943年10月30日,中、苏、美、英在莫斯科签署了一项宣言

图3 《大西洋宪章》通过的讨论稿

(见图4)。四国政府在宣言中声明:"它们承认有必要在尽早可行的日期,根据一切爱好和平国家主权平等的原则,建立一个普遍性国际组织,以维护国际和平与安全,所有爱好和平的国家,无论大小,均可加入这一组织。"1943年12月1日,罗斯福总统、斯大林主席和丘吉尔首相在德黑兰会晤时声明:"我们充分认识到,联合起来的国家负有至高无上的责任,要缔造一种将博得世界上绝大多数人民大众的好感的和平,这种和平将在今后的许多世代中排除战争的灾难和恐怖。"

二战进入1944年的时候,反法西斯盟国胜利在望,为了协调战后国际关系,中、苏、美、英四国在华盛顿附近的敦巴顿橡树园举行会议,此次会议被称为敦巴顿橡树园会议(见图5)。

图 4　中、苏、美、英在莫斯科（1943 年）

图 5　敦巴顿橡树园会议（1944 年）

由于在是否邀请中国参加会议上存在分歧，因此会议分为两个阶段：第一个阶段从1944年8月21日到9月28日，美、英、苏三国参加，就战后联合国的组织机构基本达成协议，但是，安全理事会否决权和创始会员国资格问题没有达成协议。第二个阶段从1944年9月29日到10月7日，中、美、英三国参加，对联合国组织问题做了进一步讨论，规划了《联合国宪章》的基本轮廓。

1945年2月11日，罗斯福、丘吉尔和斯大林在雅尔塔会议上发表公报，宣布："我们决心尽早和我们的盟国一起建立一个普遍性国际组织，以维护和平与安全。我们相信，这样做对于防止侵略以及通过所有爱好和平人民的密切持续合作来消除发生战争的政治、经济和社会原因来说，都是必要的。"（见图6）

图6 雅尔塔会议（1945年）

1945年4月25日，各国代表在旧金山集会，这一会议正式定名为联合国国际组织会议。该会议根据雅尔塔会议的决议，由美国、英国、苏联、中国发起,邀请《联合国宣言》签字国和加入宣言并向法西斯各国宣战的国家参加。出席会议的包括50个国家的282名代表及1726名顾问、专家及其他人员(见图7)。

图7 各国代表在旧金山集会(1945年)

图8 在旧金山歌剧院举行的全体会议

旧金山会议分三个阶段进行:在一般性辩论和组织工作阶段,成立起草宪章各部分的4个委员会,设立由各国首席代表组成的指导委员会、由14国首席代表组成的执行委员会;确定大会主席由中、美、苏、英四国首席代表轮流担任。在整理宪章条文阶段，指导委员会和协调委员会对宪章条文进行文字修改和审查。会议最终起草了共111条的《联合国宪章》。1945年6月25日，50个国家的代表在旧金山歌剧院举行全体会议，一致通过了《联合国宪章》（见图8）。26日，代表们在退伍军人纪念堂礼堂举行的仪式上签字。波兰当时没有代表参加会议，后来签署了《联合国宪章》，成为51个创始会员之一。

1945年10月24日，在中国、法国、苏联、英国和美国以及多数其他签字国批准之后，《联合国宪章》于1945年10月24日正式生效，联合国正式诞生（见图9）。1947年10月31日，联合国大会通过决议，确定每年的10月24日为联合国日。

联合国取代了未能阻止二战爆发的"国际联盟"，成为世界上参与最为广泛的政府间国际组织。为了吸取国际联盟的失败教训，联合国花费多年时间筹备成立，并制定了《联合国宪章》，以约束各国以防战争。

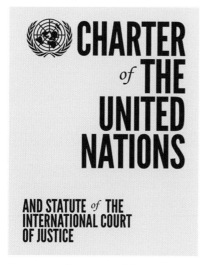

图9　《联合国宪章》英文版　　图10　《联合国宪章》序言中文版

《联合国宪章》作为联合国组织的总章程，除序言和结语外，共分19章111条。在"序言"中开宗明义："我联合国人民同兹决心，欲免后世再遭今代人类两度身历惨不堪言之战祸",表达了使人类不再遭受战祸的决心,并且为防止战争、维持和平建立起一套完整、可行的运作机制(见图10)。

我联合国人民同兹决心

欲免后世再遭今代人类两度身历惨不堪言之战祸,

重申基本人权,人格尊严与价值,以及男女与大小各国平等权利之信念,

创造适当环境,俾克维持正义,尊重由条约与国际法其他渊源而起之义务,久而弗懈,

促成大自由中之社会进步及较善之民生,

并为达此目的

力行容恕,彼此以善邻之道,和睦相处,

集中力量,以维持国际和平及安全,

接受原则,确立方法,以保证非为公共利益,不得使用武力,

运用国际机构,以促成全球人民经济及社会之进展,

用是发愤立志, 务当同心协力, 以竟厥功

爰由我各本国政府,经齐集金山市之代表各将所奉全权证书,互相校阅,均属妥善,议定本联合国宪章,并设立国际组织,定名联合国。

——《联合国宪章·序言》

《联合国宪章》序言主张的基本信念:人权、平等、正义、和平与安全、发展。宪章规定,联合国的宗旨是"维护国际和平及安全""制止侵略行为""发展国际间以尊重各国人民平等权利自决原则为基础的友好关系"和"促成国际合作"等;它还规定联合国及其成员国应遵循各国主权平等、各国以和平方式解决国际争端、在国际关系中不使用武力或武力威胁以及联合国不得干涉各国内政等原则。

《联合国宪章》是联合国的基本大法,它既确立了联合国的宗旨、原则和组织机构设置,又规定了成员国的责任、权利和义务,以及处理国际

关系、维护世界和平与安全的基本原则和方法。遵守《联合国宪章》、维护联合国威信是每个成员国不可推脱的责任。《联合国宪章》的起草与磋商、直至签署，历经世事变幻，演绎风云浩荡。

联合国徽章充分体现了《联合国宪章》和平安全、共同发展的宗旨。徽章的设计是一张以北极为中心的世界地图等距离方位投影，由交叉的橄榄枝组成的花环相托，与白色水域交相映衬在淡蓝色背景上。地图的投影范围延伸至南纬60°，并包括五个同心圆。世界地图寓意联合国是世界大家园，橄榄枝象征着争取世界和平。联合国徽章最初是由奥利弗·林肯·伦德奎斯特带领的设计师团队，在1945年联合国国际组织会议期间设计完成的。徽章于1946年12月7日获得批准。徽章寓意来源于《圣经》中记载的人尽皆知的古老神话——洪水与诺亚方舟的故事。当吞灭一切的洪水逐渐平息，诺亚想知道洪水是否已经退尽，特地放出一只鸽子飞出船外打探，鸽子衔着一根绿色的橄榄枝飞回方舟报喜：洪水已退，和平日子来临，世界生命开始了新的转机。后来，人们就用鸽子和橄榄枝来象征和平（见图11）。

图11　联合国徽记

图12　联合国旗帜

联合国旗帜是以一个白色的正式徽章置于浅蓝色底旗的正中。所有愿意表示支持联合国的组织和人民可悬挂联合国的旗帜（见图12）。联合国禁止以商业目的使用其徽章和旗帜。

联合国的成立是必然的，必然的准则就是合作与竞争的哲学辩证。这个必成立的组织却未必能够成为救世主。1945年联合国成立时，共有创始会员国 51 个,今天这个数字是 193。单就其如此广泛的国际参与性来说,联合国已经完成了一件壮举。在联合国成立之后的 70 多年里,国际格局风云变幻,联合国经历了重重磨难,在诸多国际问题的解决上取得了重大成就,发挥了不可替代的作用,但也存在着许多局限,未来还面临着更大的挑战。

二、联合国总部

联合国总部大厦位于纽约市曼哈顿岛东岸,比邻东河西岸,占地 18 英亩①。总部大厦南北跨越 42 街至 48 街共六个街区,其西侧边界为第一大道,东侧紧邻富兰克林·D. 罗斯福大道。俯瞰东河,联合国总部大厦好似和平与希望的灯塔,经常聚集着 70 亿地球人的代表在这里举行议会,

图 13　联合国总部大厦及周边

---

①　1 英亩 =4047 米^2。

就和平、公正及经济和社会福利等问题进行商讨，做出决定。这里是国际区域，属于全体会员国。除非在征得联合国秘书长同意的情况下，美国的联邦政府、州政府或地方政府任何军官或官员，都不得进入联合国总部（见图13、图14）。

联合国总部大厦由四幢大楼组成：秘书处大楼、达格·哈马舍尔德图书馆、大会堂和会议楼。

秘书处大楼总高度为550英尺①，其外墙全部用铝材料、玻璃和

图14 联合国总部大厦外观

大理石装饰。整面的绿玻璃幕墙一直延伸到传统式样的屋顶平台。除了地面上高高耸立的39层建筑，秘书处大楼还有三个地下层，分别与大会堂的三个地下室相连。目前，约有4500名来自世界各地的国际职员在这幢大楼里工作，将联合国决议付诸行动。

达格·哈马舍尔德图书馆位于联合国总部用地的西南角，与秘书处大楼相连接。该图书馆于1961年落成，是为了纪念已故秘书长达格·哈马舍尔德而建（见图15）。

福特基金会曾捐赠660

图15 达格·哈马舍尔德图书馆

---

① 1英尺=0.305米。

万美元，使图书馆得以顺利建成。达格·哈马舍尔德图书馆由美国人哈里森和中国人梁思成等11名国际建筑师设计。图书馆采用白色大理石、玻璃和铝做装饰材料。整个建筑长219英尺，宽84英尺，由6层组成——地上3层、地下3层。伍德罗·威尔逊阅览室位于二楼，图书馆拥有一般藏书近4万册及几百万份联合国文件。

图16 会员国旗帜迎风飘扬

沿着第一大道可以看见193个会员国色彩缤纷的国旗迎风飘扬。按英文字母顺序排列，第一面是在第48街的阿富汗国旗，最后一面是在第42街的津巴布韦国旗（见图16）。

大会堂四边状若天穹，整个建筑结构呈斜坡状，长380英尺，宽160英尺，顶端是薄薄的圆屋顶，呈现优美的圆弧形（见图17）。

大会堂建筑物用特别设计的半透明玻璃板饰面，玻璃板嵌入大理石支柱内，给大厅一种大教堂特有的柔和的采光。东墙和西墙用英国产石灰岩饰面，大会堂衬以大理石镶板和饰物，与秘书处大楼的北端和南端十分协调。大会堂的南端是一扇高53.5英尺的巨大的平板玻璃窗，四周

图17 大会堂外观

用凹度很深的大理石镶框。透过这扇窗户向外看，秘书处大楼广场尽收眼底。

大会堂是联合国大厦里最大的房间，可容纳约1900人。为了强调国际性，里面没有摆设任何会员国的礼物。大会堂两边各挂一幅抽象的壁

画，这是法国艺术家费尔南德·莱格尔设计的，由一位不具名的捐赠者通过美国联合国协会赠送。大会堂是联合国里唯一挂有联合国徽章的会议室（见图18）。

图18　大会堂内部

大会堂可以容纳193个代表团。每个代表团分配6个座位。大会堂一层共设有1321个座位。这么多的座位除了固定在会议厅的地面上外，还有部分安置在大会堂后面的梯形平台上。第三层楼共设244个座位，供副代表、特别机构代表和其他高等干事就坐。位于楼座上方的阳台有1排53个座位专供新闻媒体人员就坐，另有5排共280个座位供公众人士就坐。大会堂现有的1898个座位全部配备耳机，可以直接收听演讲者的发言，也可以收听口译成的大会6种官方语言：汉语、英语、法语、西班牙语言、俄语和阿拉伯语。口译者坐在用玻璃隔开的口译箱内，可以俯瞰大会堂。在演讲台上方靠后的地方有大型显示屏，上面显示的是联合国各成员国的名字，以及投票的结果。各国代表前面的桌子上有绿色、红色和黄色三个按钮。绿色按钮表示支持某一决议，红色按钮表示反对，黄色按钮则表示弃权。大会堂下面两层还设有诸多大小会议室以及电台、电视台的演播室、录音设备和一个总控制室。这个总控制室实际上是整个联合国总部的通信系统中心。大会堂还设有一个面向游客的公共场所，里面有联合国书店、一个专门出售联合国邮票的柜台、一个礼品中心、一个纪念品商店、一家咖啡馆和其他设施。

193个会员国聚于大会堂讨论国际热点问题，但大会不是世界政府，它的决议对会员国没有法律约束力。然而，大会决议可以使全世界共同关注国际热点问题，从而促成国际合作。在某些情况下，大会决议可以促使有法律约束力的条约和公约的生成。

图19　大会堂公共前厅

大会堂一层设有宽阔的由白色大理石装饰的公共前厅，大厅墙上悬挂着许多富有深意的装饰物。其中一面墙悬挂着历任联合国秘书长的照片（见图19）。从左至右分别是特里格韦·赖伊、达格·哈马舍尔德、吴丹、库尔特·瓦尔德海姆、佩雷斯·德奎利亚尔、布特罗斯-布特罗斯·加利、科菲·安南、潘基文。群像表达着人们对联合国秘书长所做贡献的崇敬。现在，他们中有的已经辞世，但人们永远将他们定格于镜头里。

大会堂代表休息大厅里的墙上挂着一面巨大的挂毯，织有绚丽的万里长城，这幅《长城》艺术挂毯是中国赠给联合国的。这幅宽10米、高5米的巨型挂毯遥遥望去千山万岭，气势磅礴，长城内外，阳光灿烂，树木郁郁葱葱，一派朝气蓬勃（见图20）。

在大会堂公共前厅的西北角，可以看到法国艺术家马克·夏加尔设计的彩色玻璃板墙。这是联合国工作人员和马克·夏加尔

图20　《长城》艺术挂毯

本人于1964年赠送给联合国的礼物，以纪念1961年因飞机失事遇难的联合国第二任秘书长达格·哈马舍尔德和与他一起罹难的其他15个人。这个纪念物大约宽15英尺，高12英尺，里面有一些象征和平和爱的图画，例如在画面中间的小孩被一个从花海中出现的拥有天使般脸庞的人亲吻。

在其左边、下边和上边描绘的都是母爱和争取和平的人。画面上的音符使人想起贝多芬第九交响曲，这是达格·哈马舍尔德先生生前喜爱的乐曲（见图21）。

图21　彩色玻璃板墙

在连接前厅和大会堂二楼礼仪入口的楼梯平台上方的天花板上，悬挂着一只傅科摆（Foucault Pendulum）。傅科摆是一个重200磅[①]的镀金球

---

① 1磅=0.454千克。

图 22　傅科摆

体，直径为 12 英寸①，里面装着一些铜，由一根不锈钢丝从 75 英尺高的天花板上悬吊下来。一个万向接头使它可以沿任何方向自由摆动。球体恰好经过下方中心一个隆起的金属环，环内电磁体使球体内的铜感生电流，从而提供了必要的能量，抵消摩擦力和空气阻力，使球体摆动维持不变。傅科摆是用来证明地球自转的仪器。由于地球的自转，摆动平面的旋转方向，在北半球是顺时针的，在南半球是逆时针的。摆的旋转周期，在两极是 24 小时，在赤道上傅科摆不旋转。在纬度 40°的地方，每小时旋转 10°，即在 37 小时内旋转一周。这个球体需要 36 小时 45 分钟才能完成一个周期。傅科摆是荷兰政府赠送的礼物，以示联合国在促进全球科技进步中起着重要的推动作用（见图 22）。

　　会议楼与大会堂和秘书处大楼都相毗邻。整个建筑沿河而建，向前延伸 400 英尺，富兰克林·D. 罗斯福大道就在大楼屋檐下穿过。会议楼的顶层（第四层）面积不大，里面有代表餐厅、专用餐厅、工作人员小餐厅和厨房。会议楼的第二层和第三层是安全理事会、经济及社会理事会、托管理事会三个理事会会议厅。会议厅的面积相等，均为长 135 英尺、宽 72 英尺、高 24 英尺。

　　安全理事会会议厅是挪威赠送给联合国的礼物，它的主要特色是一幅由挪威艺术家佩尔·克罗格绘制的壁画。画中有一只长生鸟从灰烬中再生，象征着世界在第二次世界大战后的重建。在底部阴暗的颜色上方，画

---

① 1 英寸 = 2.54 厘米。

有色彩鲜艳的图像，象征着未来世界更加美好。画面中的一群人在称粮食给所有人分享，象征着平等。墙上的挂毯和靠东河的窗帘都用蓝色和金色的丝线织成，描绘信念之锚、生长的希望之麦和仁慈之心。《联合国宪章》赋予安全理事会维持国际和平与安全的主要责任。作为联合国的"急诊室"，安全理事会必须准备好在和平受到威胁时随时开会（见图23）。

图23　安全理事会会议厅

　　经济及社会理事会会议厅是瑞典赠送给联合国的礼物。它由负责设计联合国总部的11名国际建筑师中的瑞典建筑师斯文·马克柳斯构思。代表区周围、栏杆和门用的都是瑞典的松木。这个房间的特色是，公共走廊上的天花板都是暴露着的管道。建筑师认为，任何有用的东西都不必遮盖起来。"未完工"的天花板通常被认为是个象征，提醒人们联合国的经济和社会工作永远没有完结；为了改善世界人民的生活条件，总有更多的事情可以做。联合国的创始人认识到，为了世界和平，必须促进经济、社会发展和国际合作。《联合国宪章》赋予经济及社会理事会推动世界经济和社会进步、促进普遍尊重人权的任务（见图24）。

图24　经济及社会理事会会议厅

在会议楼三层靠近经济及社会理事会会议厅旁，悬挂着诺曼·罗克韦尔的镶嵌画。它是1985年联合国成立40周年时，由当时的第一夫人南西·里根夫人代表美国赠送给联合国的，是根据美国艺术家诺曼·罗克韦尔的一幅名为《为人准则》的画制作的。罗克韦尔想要说明，"为人准则"是世界各大宗教的共同主题，他描绘了各个种族、信念和肤色的尊严和体面的人。镶嵌画里有一句题词："己所不欲，勿施于人"。镶嵌画由专门从事镶嵌艺术的维也纳艺术家制作（见图25）。

图25　镶嵌画

曾经陈列在会议楼三层走廊里的还有一份1974年中国送给联合国的珍贵礼物——象牙雕刻。以大红丝绒为背景，放在高大的玻璃罩中的大型象牙雕刻工艺品"成昆铁路"描述的是1970年通车的成昆铁路。这条铁路全长1000多千米，连接云南省和四川省。这件作品由98位匠人雕刻了两年多。工艺的精湛令人赞叹，甚至可以看到刻在火车里的细小人物。这件礼物已在2015年撤出联合国总部。

2015年9月为纪念联合国成立70周年，中国国家主席习近平向联合国赠送了新的礼物"和平尊"，放置在大会堂代表休息厅（见图26）。

"和平尊"寓意深刻，表达了中国政府和人民对联合国的坚定支持以及对联合国未来的美好祝福。"尊"是中国传统文化中十分隆重的礼器，"和平尊"以中国古代青铜器中的"尊"为原型，采用景泰蓝工艺，由70名艺术大师建造专用熔炉，历经100多道工序、1万多个工时精制而成。尊体"中国红"主色调代表着

图26　和平尊

喜庆和尊贵，尊身7只和平鸽代表着联合国为世界和平而奋斗的70年。我们要让铸剑为犁、永不再战的理念深植人心，让发展繁荣、公平正义的理念践行人间。

托管理事会会议厅是丹麦赠送给联合国的礼物。室内所有陈设都来自丹麦。墙上镶嵌着白蜡木，目的是加强会议厅的音响效果。托管理事会会议厅内，陈列着1953年6月丹麦赠送给联合国的大型木雕像，这是丹麦艺术家亨里科·斯塔克雕刻的。雕像用整根柚木树干雕成，妇女的双臂向

图27　托管理事会会议厅

外伸展，放小鸟自由飞去，意味着"无限制地飞向更高处"。对托管理事会来说，这象征着殖民地获得独立。托管理事会是联合国的主要机关，负责监督11个托管领土的管理情况，直到它们获得自治。由于托管使命已经完成，托管理事会于1994年决定暂停工作，只在需要时才开会（见图27）。

围绕着联合国总部大厦建有联合国小广场及公共花园，陈设着很多国家向联合国赠送的礼物。

秘书处大楼前面的小广场上有一个圆形池塘，中央有一个喷泉。1964年，池塘的边上矗立了一尊纪念联合国第二任秘书长达格·哈马舍尔德（1953—1961）的青铜雕像。这尊取名《单一形式》（Single Form）的抽象雕像是英国艺术家芭芭拉·赫普沃斯的杰作，后由美国前驻联合国代表雅各布·布劳斯坦捐赠给联合国（见图28）。雕像高21英尺，用花岗石作底座。这是一座铜质的自由形式的抽象作品，是芭芭拉·赫普沃斯应达格·哈马舍尔德之邀创作的。哈马舍尔德先生希望用一尊适当的雕塑装点联合国秘书处大楼前的圆形水

图28　《单一形式》

池。这座雕塑于 1964 年 6 月揭幕，而哈马舍尔德先生于 1961 年在前往刚果进行和平谈判的途中于北罗德西亚（今赞比亚）因飞机失事以身殉职。

亨利·穆尔创作的一尊名叫《斜倚人形：手》（Reclining Figure: Hand）的青铜雕像矗立在秘书处大楼北面的绿化区（见图 29）。1979 年为纪念已故哈马舍尔德先生而赠予联合国。此雕塑是穆尔大师"斜倚人形"系列作品之一，它以高度精简、抽象、单纯的人形表现一种不守规、无华丽的质朴，无声的雕塑折射出追求生命本真的强烈冲击感。

图 29　《斜倚人形：手》

日本和平钟是日本联合国协会于 1954 年 6 月赠送给联合国的（见图 30）。它是用 60 个国家的儿童收集起来的硬币铸成的，安放在一座柏木的典型日本神社式结构物中，位于会议楼西面，秘书处大楼与大会堂之间。每年敲钟两次已经成为传统：一次是春季春分这一天，另一次是秋季 9 月 21 日——国际和平日。联合国大会于 2001 年表决通过 A/RES/55/282 号决议，将每年的 9 月 21 日定为国际和平日，并宣布这一天应成为

图 30　日本和平钟

"全球停火和非暴力日",同时呼吁所有国家和人民在这一天停止敌对行动。

图31 《球中球》

在联合国大厦北门入口处有一雕塑作品《球中球》(Sphere within Sphere)(见图31),它是意大利雕塑家阿纳尔多·波莫多罗的作品,于1996年赠予联合国。外层的球体代表地球,内层的球体以纵横交错的齿轮象征着机器的动力。作者用金光闪烁的巨型和残缺的破碎构建"不完整的完整"之反差,展现外在现实世界和人内心中"理想城市"的梦想之间的冲突,暗示世界的脆弱和复杂。

图32 《打结的枪》

雕塑《打结的枪》矗立在联合国大厦公众入口的广场,由卢森堡赠送(见图32)。弯曲打结的枪管表达了人们对非暴力的向往,以及呼吁国际裁军行动。

从大会堂公共入口处前面的广场花园草坪走进去,经过一段楼梯会看到联合国旗杆,这是1965年纽约州州长Nelson Rockefeller赠给联合国,以纪念已故秘书长达格·哈马舍尔德的(见图33)。

沿着花园草坪向河边走,有一座白色雕塑,名为《重返方舟》(Ark of Return),是2015年3月25日安放在联合国总部的一座奴隶纪念碑(见图34)。联合国大会早在2007年12月就通过决议,从2008年起,将每年的

3月25日定为"奴隶制和跨大西洋贩卖奴隶行为受害者国际日",并决定在联合国总部建立一座永久纪念碑。当天,联合国秘书长潘基文和联合国大会主席库泰萨一起为这一将永久坐落在联合国总部的纪念碑揭幕。潘基文发表致辞说,在4个多世纪里,有大约1500万非洲人被带离家园,强行运往美洲。跨大西洋贩卖奴隶一

图33 联合国旗杆

直是一种骇人听闻的罪行,是人类历史上的一个污点。他说,纪念碑将使人们牢记降临在数千万人身上的惨剧,牢记奴隶制遗留的问题。它还让人思考种族主义的后果,促使人们根除偏见和狭隘。这座白色大理石纪念碑外部形状模拟了船的一部分,竖立在联合国总部游客广场上。设计师罗德尼·莱昂在揭幕仪式上介绍说,贩奴中奴隶们会经过一道永远无法返回的"不归门"。与之相对,《重返方舟》纪念碑力图使人们从心理、精神和感情上铭记、思索、化解这一悲惨经历。当参观者从纪念碑中穿过时,能看到一幅标出当年从非洲大陆66个地点运走奴隶的地图,还能看到一个躺着的人形,象征在贩运和奴役中死去的人

图34 《重返方舟》

们。纪念碑上还刻着"思考过去、永不忘记"的字样。

联合国大厦北花园绿色的草坪上还安放着 1995 年中国赠送的礼物——世纪宝鼎（见图 35）。鼎座高 50 厘米，象征联合国成立 50 周年；鼎身高 2.1 米，象征即将来临的 21 世纪。鼎重 1.5 吨，三足双耳，腹略鼓，底浑圆，四周有商周纹饰，浮雕兽面，云纹填底。底座上饰 56 条龙，象征华夏的 56 个民族都是龙的传人。鼎作为一种重要的礼器，象征着团结、统一和权威，是代表和平、发展、昌盛的吉祥物。

图 35　世纪宝鼎

图 36　《铸剑为犁》

位于公共花园深处有一座名为《铸剑为犁》的雕塑，是 1959 年由苏联赠送给联合国的（见图 36）。雕塑中的人一手拿着锤子，另一只手拿着他要改铸为犁的剑，象征着人类要求终结战争，把毁灭的武器变为创造的工具，以造福全人类。

在联合国北花园里还矗立着一块石碑——"极端贫困纪念碑"（Extreme Poverty Commemorative Stone）（见图 37）。1987 年 10 月 17 日，十万人聚集在巴黎 Trocadero 广场——1948 年《人权宣言》签署的原址，纪念极端贫困的受难者，主张对他们的关注，呼吁他们的人权，为立下誓言，特树立了纪念石碑，以此铭志。多年的努力之后，在 1992 年联合国大会上通过了决议：每年 10 月 17 日为"国际消除贫困日"（International Day for the Eradication of Poverty）。1996 年被定为"消除贫困国际年"，实施消除贫困 20 年计划,表明极端贫困者的权益和关注度又向前迈进了一大步。同年,联合国总部制作了"极端贫穷纪念碑",以尊重极端贫困者应享有的参政、参事的基本权利。

图 37 "极端贫困纪念碑"

图 38 "柏林墙"

在"极端贫穷纪念碑"旁,矗立着一段"柏林墙"(见图 38)。这是德国于 2002 年赠与联合国的礼物。柏林墙由三块墙体组合而成,高度为 3.6 米,重达 2.8 吨。这段墙上描绘着一对青年男女在柏林墙倒塌前隔墙约会的场景。这座标志着欧洲冷战分界线的柏林墙于 1989 年被和平推倒。在柏林墙竖起的 28 年间,成千上万人为了团聚,为了追求更美好的生活翻越柏林墙,许多人因此丧生。时任联合国秘书长的安南在赠送仪式致辞中说,东西方分裂状态的结束表明:"和平总是有可能实现的,即便是在中东也是如此。"柏林墙是德国人民的痛苦记忆,也警醒着世界人民。

在北花园的北端草坪上,还放置着些许雕塑,有来自爱尔兰的雕塑《抵岸》(Arrival),这是爱尔兰雕塑家 John Behan(约翰·贝安)的作品(见图 39)。2000 年爱尔兰政府特以此作品赠予联合国,雕塑表达了爱尔兰人在 1846 年大饥荒中移民逃亡的苦难,也是纪念爱尔兰移民劳工对世界的贡献。1846 年以后的十年间,大约有二百万爱尔兰人移民美国,为美国的工业革命及时地提供了大量劳动力:在伊利运河、自由女神像、横穿北美铁路等大型工程的工地上,在芝加哥的工厂、宾夕法尼亚的煤矿和

图39　《抵岸》

纽约的货运码头上，都能见到大量爱尔兰工人的身影。移民促进了美国社会多元化的发展，使之成为名副其实的"大熔炉"。但是爱尔兰移民却是痛苦而悲惨的。"美国铁路的每一根枕木下面，都横卧着一个爱尔兰工人的尸首。"这句话并不假。1861年美国南北战争爆发，很多爱尔兰移民被强制参战。这一时期爆发了著名的"纽约征兵暴动"，反对强制征兵的暴乱导致纽约城死亡人数的记录直到9.11事件才被打破。

雕塑《善必胜邪》（Good Defeats Evil）来自苏联，是俄国艺术家 Zurab Tsereteli（祖拉博·切列特里）的作品（见图40）。这是一幅寓言式骑马人雕塑，雕刻的是守护神 St. George 手持长矛屠杀龙的古典神话形象，表达正义战胜邪恶的寓意。整个雕塑高36英尺，重40吨。这是苏联在1990年联合国成立45周年时赠与联合国的。1987年美苏两国首脑里根和戈尔巴乔夫签订《中程导弹条约》，并依据条约分别销毁了本国的核导弹，雕塑

图40　《善必胜邪》

的龙身就是用两国核导弹碎片制成的。高高的雕塑屹立在联合国总部公共花园里,是一个鲜明的反核裁军的象征。

来自巴西的雕塑《系于同根》(*Roots and Ties for Peace*),是由巴西女艺术家 Yolanda d'Augsburg Ulm 制作的,1983 年赠予联合国(见图 41)。不锈钢雕塑高 18 英尺,直径为 7 英尺。女艺术家的作品抽象,表达了其源于欧洲的文化之根及情系巴西的深厚纽带的艺术意境。该作品放置于联合国总部的花园内,意在表达拉美人民齐心协力为和平而努力。巴西的出现开始于 15—16 世纪大航海时代人们对黄金的寻找,300 多年后在殖民者的宣告下独立。《黄金法案》的通过使奴隶奔赴自由,对民主与自由的追求最终使其以令人惊讶的速度成为富裕的金砖之国,在这里交汇着印第安文明与欧洲和非洲文明。

图 41 《系于同根》

图 42 《和平》

来自原南斯拉夫克罗地亚雕塑家 Antun Augustincic 的高大雕塑,名为《和平》(*Peace Monument*)(见图 42)。雕塑为骑马人画派,刻画的是女骑士形象。在女骑士伸展的左手中是橄榄枝,右手中是地球的象征。雕塑总高 42 英尺,底座 26 英尺,塑像高 16 英尺,是 1954 年原南斯拉夫政府赠予联合国的礼物。

雕塑《姐妹携手》(*Sister Solidarity*)来自阿拉伯国家联盟,是 Silvio Russo 的作品(见图 43)。作品刻画了妇女手拉手,象征着升起的太阳,以寓意新世纪妇女地位的提升。这座雕塑是 1996 年赠予联合国的礼物。

图 43 《姐妹携手》

三、联合国办事处

联合国秘书处除在纽约设有总部外,还分别在瑞士日内瓦、奥地利维也纳和肯尼亚内罗毕等地设有办事处。

◇ **联合国日内瓦办事处**(United Nations Office at Geneva,UNOG)

联合国日内瓦办事处是联合国秘书处驻瑞士日内瓦的一个办事处,是规模仅次于美国纽约联合国总部的联合国机构。办事处的主要办公场所是万国宫(Palais des Nations)。办事处由一名总干事直接向联合国秘书长负责。总干事在与各常驻代表团及区域组织的关系上代表秘书长，与联合国设在瑞士和欧洲的专门机构、设在欧洲的其他政府间和非政府组织及常设机构包括研究和学术机构，保持合作；就裁军谈判会议的工作向秘书长提供咨询和支持；根据秘书长的要求，担任特别政治任务和代表。办事处下分办事处主任办公室、行政司、会议事务司、日内瓦办事处图书馆和联合国新闻处五个机构，各司其职向总干事负责（见图44，图45）。

图44　联合国日内瓦办事处

图45　万国宫正门，成员国国旗林立

图46　万国宫与巍峨的阿尔卑斯山遥遥相望，站在高处可以俯瞰日内瓦湖，远眺勃朗峰

万国宫地处日内瓦湖畔、阿丽亚娜（Ariana）公园中（见图46），是日内瓦作为一个国际城市的象征，也是世界近代史的一个缩影。它曾是国际联盟总部的旧址，1920年国际联盟正式成立时，因为日内瓦的国际公正精神，将总部定在了日内瓦的威尔逊宫（Palais Wilson），就是后来的万国宫原址。国际联盟组织怀着对世界永久和平的美好憧憬，希冀建造所有成员国相聚议事的圣殿，于1926年起开始设计、扩建总部，并将其命名为万国宫。经过激烈的建设方案竞争，最后确定由来自意大利、法国、瑞士及匈牙利的5位建筑设计师共同修建。1929年9月落下第一块奠基石，与其一同落下的还有国际联盟成员国名单和国际联盟盟约。联合国成立后，国际联盟将万国宫移交给联合国组织，作为联合国在欧洲办事处的所在地（见图47）。

图47　万国宫

今日的万国宫由4座宏伟的建筑群组成，即中央的大会厅、北侧的图书馆、南侧的理事会厅及新楼。万国宫共有34个会议厅、2800间办公室，是规模仅次于纽约总部大厦的第二

大联合国秘书处办事处。每年这里要举办9000多次会议，接待28000多名代表。万国宫已是世界经济、社会等重大国际事务的著名会议、行政中心，但它更是一种象征，那就是巍然屹立着的当年驱使着人们选择它作为世界各国相聚之地的日内瓦精神（见图48）。

图48　万国宫鸟瞰图

万国宫门口的喷泉广场上矗立着一把高大的断腿椅子。12米高的巨大椅子，是瑞士著名雕塑家丹尼尔·伯塞特于1997年代表国际残联为纪

图49　《有尊严地活着》

念"地雷议定书"的正式生效而创作的,安放于此是为了警示人们关注地雷与炸弹对人类的伤害,希望不再有战争。丹尼尔还给他的这部作品起了一个小标题《有尊严地活着》!在他看来,远离战争蹂躏和伤害无辜乃是"有尊严地活着"的最起码人权(见图49)。

意大利艺术家 Michelangelo Pistoletto 创作了巨型雕塑《重生》,并于联合国诞生 70 周年纪念日庆典时捐送给日内瓦办事处。雕塑由 193 块石头组成,象征着联合国 193 个成员国。雕塑造型模拟数学无穷大符号∞,以此寓意人类社会的生生不息,三圆相通寓意着对和谐对话、和睦相处的美好世界的期盼(见图50)。

图50　《重生》

因瑞士是永久中立国,而日内瓦风景秀丽,一步一景,交通便利,联合国很多专门组织的总部都设在日内瓦,包括世界卫生组织、国际劳工组织、联合国难民署、联合国人权理事会、世界知识产权组织、国际电讯联盟、世界气象组织和世界贸易组织和各国议会同盟等。日内瓦还有欧洲核子研究中心、国际标准化组织、世界教会协会、互联网虚拟图书馆、世界经济论坛、红十字与红新月会国际联合会以及国际艾滋病协会等组织的总部。日内瓦因此就有了"小联合国之城"的美名。

◇ **联合国维也纳办事处**（United Nations Office at Vienna，UNOV）

联合国维也纳办事处位于奥地利首都维也纳市区的维也纳国际中心（Vienna International Centre），于1980年1月1日成立，是联合国的第三个办事处。联合国维也纳办事处是联合国秘书长在维也纳的代表机构，由一名副秘书长级的总干事领导，履行与在维也纳的各常驻代表团、东道国政府和其他政府以及政府间组织和非政府组织的合作与联络工作，向联合国秘书处各单位提供行政和其他支持服务；管理设在维也纳的联合国系统其他组织的共同事务；管理在维也纳的联合国设施。

总部设在维也纳的联合国机构很多，包括国际原子能机构、国际反洗钱信息网络、联合国麻醉品委员会、全面禁止核试验条约组织筹备委员会、联合国国际贸易法委员会、联合国工业发展组织、联合国和平利用外层空间委员会以及联合国毒品和犯罪办公室。维也纳办事处总干事兼任联合国毒品和犯罪问题办事处执行主任，与联合国毒品和犯罪问题办公室有密切联系。同时办事处设有外层空间事务厅，管理并执行和平利用外层空间方案及行政和会议事务。

维也纳国际中心位于景色秀丽的多瑙河畔。这座银灰色的建筑群占地18万平方米，采用了奥地利建筑师约翰·施塔贝尔的设计方案，1973年动工修建，历时6年，1979年8月23日交付使用。奥地利政府和维也纳市为建造这座"联合国城"共投入了88亿奥地利先令，建成后以年租金1先令的价格出租给联合国使用，期限为99年。维也纳国际中心由7座大楼组成，设有4500间办公室，9间会议厅，容纳着4000多名来自100多个国家的国际公务员。国际中心办公室的隔墙都是移动式的，可以根据需要随时扩大或缩小。国际中心的9个会议厅里，其中有2个各容纳400人的大会议厅、2个各容纳200人的中会议厅以及几个小会议厅。9个会议厅如果同时使用，可供1600人开会。会议厅里配备的同声传译装置，能使9个会议厅同时收到联合国6种官方语言的翻译（见图51）。

图51　联合国维也纳办事处——维也纳国际中心

图52　维也纳国际中心鸟瞰图

楼群中心是一座5层圆柱形国际会议大厦，高56米。国际会议大厦周围是3组6幢高度不一的"Y"型塔楼。最高的120米，最矮的45米，这3组大厦之间都有过道相通，构成一个完整的整体结构，浑然一体。其中一组塔楼高80米和100米，是联合国驻维也纳办事处和联合国工业发展组织的办公楼；一组塔楼高60米和120米，是国际原子能机构的办公楼；还有一组塔楼高48米和58米，是办事处后勤部门所在地，有邮局、计算机中心、图书馆、印刷厂、健身房、饭店、超级市场等等。每座大楼的3个侧面都设计成凹进去的弧形，因此，除过道、楼梯和机房外，所有办公室都能直接照射到阳光（见图52）。

维也纳办事处30多年来已成为讨论和平利用核能、控制毒品、禁止人口贩运等国际问题的中心。它不仅见证了历史，也给世界带来了重大的进步。

◇ **联合国内罗毕办事处**（United Nations Office at Nairobi，UNON）

内罗毕是联合国在非洲的总部所在地。联合国内罗毕办事处由联合国环境署和人居署的总部以及其他联合国机构驻肯办事处组成。它是联合国唯一设在第三世界国家的办事处级别的机构，与联合国日内瓦办事处、维也纳办事处等纽约总部以外的大型驻地机构平行。办事处由一名副秘书长级的总干事领导，向联合国秘书长负责，履行与各常驻代表团、国家政府、政府间组织等的联络工作。同时为联合国环境署和联合国人居署及其他在肯尼亚境内的联合国机构提供行政和其他支持服务。联合国内罗毕办事处的国际公务员总数约为800人，另有当地职员1200人。

内罗毕办事处位于内罗毕北郊联合国大道。整个办公区域占地140英亩，边缘有林带环绕，内部景观设计别致，绿意盎然。办事处正门前广场宽阔，旗林道上飘扬着各国国旗。"Karib UNi"字样的标牌立于正门旁，是办事处的标志，而"Karib"是斯瓦希里语，意思是"欢迎"（见

图53）。

图53 联合国内罗毕办事处

内罗毕办事处建有可容纳千人的会议室，配备有最为先进的会议设施，很多国际重大问题就在这里做出决定（见图54）。2014年6月23日，首届联合国环境大会就是在这里召开的，联合国所有成员国均派代表出席了联合国环境大会。这在历史上是第一次，各国代表积极发表意见，表达关切，表明国际社会愈加重视可持续性发展下的环境问题。中国环境保护部部长周生贤率团出席了此次大会。

图54 联合国内罗毕办事处会议室

内罗毕办事处辖地的联合国环境署总部和联合国人居署总部的办公楼被称为"绿色大楼"（Green Building），春意盎然地凸显着"绿色生态"

的意义。依据节能环保理念新建的这所办公大楼——"New Office Facility",的确是名副其实的可持续发展模式的典范(见图55)。大楼6000平方米的太阳能光伏板为整座大楼提供了电力能源,并安装了感应式节能灯;半敞开式的顶部设计使热空气很容易从大楼内散发出去,冷空气可在楼内流通。整栋大楼没有安装任何空调设备,完全通过自然风流通调节温度。屋顶雨水收集系统收集的雨水能够用于灌溉园景区,因此,灌溉植物和草坪时将无需其他淡水。大面积可调节角度的窗户及贯穿3层楼的玻璃天井将东非高原自然光的利用程度最大化。这座办公楼的建设是可持续建筑实现低碳型和资源节约型绿色经济的"样板间"。

图55 联合国内罗毕办事处的绿色大楼

内罗毕办事处的和平公园内矗立着和平柱,为纪念1998年在坦桑尼亚首都达累斯萨拉姆和肯尼亚首都内罗毕的美国大使馆被炸中死难的人们。和平柱为六面形,用联合国六种工作语言书写着"我们祝愿人类的和平"（见图56）。

图56　和平柱

内罗毕办事处为联合国事务，尤其是带动非洲联合国事务的发展做出了积极努力。而联合国环境署和联合国人居署为推动国际环境、发展和民生事业在非洲及全球的发展做出了重大贡献。

四、联合国运营模式

《联合国宪章》阐明，联合国共有四大宗旨：

（1）维持国际和平及安全，并为此目的采取有效集体办法，以防止且消除对于和平之威胁，制止侵略行为或其他和平之破坏，并以和平方法且依正义及国际法之原则，调整或解决足以破坏和平之国际争端或情势。

（2）发展国际间以尊重人民平等权利及自决原则为根据之友好关系，并采取其他适当办法，以增强普遍和平。

（3）促成国际合作，以解决国际间属于经济、社会、文化及人类福利性质之国际问题，且不分种族、性别、语言或宗教，增进并激励对于全体人类之人权及基本自由之尊重。

（4）构成一协调各国行动之中心，以达成上述共同目的。

根据这四大宗旨并为实现这一崇高目标，联合国设立六大主要机构。它们分别是联合国大会、安全理事会、经济及社会理事会、托管理事会、国际法院以及秘书处。除国际法院设在荷兰海牙外，其余五大机构均设于地处美国纽约曼哈顿的联合国总部。

除众多机构遍布全球外，联合国的另一大特色就是其官方语言。可以想象，让193个成员国的代表坐在同一个大厅内就国际议题进行磋商，语言问题自然十分重要。联合国共设有六种正式语言，分别是阿拉伯文、中文、英文、法文、俄文和西班牙文。为了让各国代表能够准确表达和顺畅沟通，联合国为六种语言都提供高质量的口译和笔译服务。在联合国机构的主要会场，都设有专门的翻译区域，负责同声传译的工作者将代表们的发言实时翻译为各正式语言，而各国代表可以通过设在座位上的旋钮选择适合自己的语言频道。同时，联合国所有的正式文件也都有六种语言版本，且具有同等法律效力。这样的语言设定，不仅为各国代表们提供了方便，也提高了工作效率，更有助于世界各地的人民了解联合国事务。

◇ **联合国大会**

联合国大会（以下简称"联大"）由全体成员国组成，每年9—12月举行会议，其后1—8月根据需要举行会议。每年9月第三个星期二为联大的开幕日。每次会议都要履行选举产生主席、副主席和通过会议议程等程序性事项，但重头戏是这些之后的一般性辩论（General Debate）。这时，各国元首或政府首脑会登上主席台向大会发表演讲。我国领导人邓小平、江泽民、胡锦涛及习近平等均在联大发表过演讲，就重要国际问题阐明中国的立场和主张。一般性辩论结束之后，大会将根据会议日程对各项议题逐一审议。除一小部分议题由大会直接审议外，联大将众多议题分门别类，交由六个委员会进行讨论和审议。这六个肩负不同使命的委员会如下：

（1）裁军及国际安全委员会（第一委员会）；

（2）经济及金融委员会（第二委员会）；

（3）社会、人道及文化委员会（第三委员会）；

（4）特殊政治及非殖民化委员会（第四委员会）；

（5）行政及预算委员会（第五委员会）；

（6）法务委员会（第六委员会）。

每个委员会也需要选举产生自身的主席和副主席，通过会议议程以及安排一般性辩论。之后，会议对议题一一进行讨论。成员国可以根据自身关切在每个议题下提出决议草案供会议讨论通过，但必须在规定的截止日之前将草案提交给秘书处。会议主席或议题磋商召集人将会安排时间举行非正式会议，就有关决议草案进行讨论，意在交流看法、消除分歧、达成一致。最后，会议将对每一份决议草案进行审议、表决，多数草案会协商一致通过，个别比较敏感且争议较大的草案则采取投票方式进行表决。一个委员会通过的决议能够有 100 个左右，涵盖职责范围内的各个方面。委员会通过的决议最后要提交到大会进一步审议，通过后将成为联大决议。

关于表决，每个成员国拥有一票。重要问题进行表决，如涉及和平与安全问题、安全理事会成员选举，须会员国三分之二多数票通过；其他问题则以简单多数票决定。如成员国在非正式磋商中就某问题已经达成共识，大会主席可以提议不经表决而以鼓掌方式通过一项决议。这有利于成员国对大会决议的支持和执行。

关于特别联大，任何一个成员国都有权提出召开联合国大会特别会议。如获得半数成员国同意，则应该召开大会特别会议。联合国曾经召开过多次特别联大。

紧急特别联大因突发的重大国际安全问题而召开,其程序与召开特别联大的程序相同,但一经决定,即应在24小时内召开。

联大还可以就某个专题发起或承办一次国际会议。曾经举办过的主要会议有世界妇女大会、社会发展首脑会议、世界环境与发展大会、世界粮食首脑会议、气候变化会议等等。

大会设有附属机构,有的属于专门委员会、管理委员会类,有的属于咨询、行政机构类,主要有裁军审议委员会、联合国建设和平委员会、和平利用外空委员会、方案与协调委员会、贸易和发展委员会、联合国人权理事会、裁军事务咨询委员会等等。这些机构的工作报告和相关事宜都需要提交大会审议。

需要指出,联大通过的决议对各成员国政府没有法律上的约束力。但是,这些决议反映了成员国的政治意愿和看法,可以造成一定程度的国际舆论并具有道德层面上的压力。

◇ **安全理事会**

根据《联合国宪章》规定,联合国安全理事会(以下简称"安理会")对维持国际和平与安全负有主要责任并拥有广泛的职权。它也是世界上唯一有权采取强制行动的机构,这就使得安理会在联合国框架内拥有独特的地位。在联合国的四大宗旨中,和平及安全被摆在首要位置。这是因为建立联合国的直接动机就是希望避免再次爆发世界范围内的战争。

依据《联合国宪章》,安理会具有如下职能和权力:

(1)依照联合国的宗旨和原则维护国际和平与安全;

(2)调查可能引起国际摩擦的任何争端或局势;

(3)建议调解这些争端的方法或解决条件;

(4)制定计划以处理对和平的威胁或侵略行为,并建议应采取的行动；

（5）促请各会员国实施经济制裁和除使用武力以外的其他措施以防止或制止侵略；

（6）对侵略者采取军事行动；

（7）就接纳新会员国以及各国加入《国际法院规约》的条件提出建议；

（8）在"战略地区"行使联合国的托管职能；

（9）就秘书长的任命向大会提出人选建议，并与大会共同选举产生国际法院的法官。

从上述职责范围不难看出，为什么安理会总是在危急关头充当调查、调停、磋商、谈判、制裁甚至采取军事行动的首要角色。

在成员构成方面，与其他联合国机构不同，安理会共设有15个成员国，其中5个为常任理事国。顾名思义，常任理事国就是其在安理会占有的席位长期不变。这五个常任理事国是中国、法国、俄罗斯、英国和美国。10个非常任理事国席位按地区分配，其中亚洲拥有2个，非洲3个，拉丁美洲2个，东欧1个，西欧及其他国家2个，需要由联大选举产生。非常任理事国任期2年，每年改选5个，任期届满的理事国不能即行连选连任。

安理会的另一大特点就是常任理事国拥有否决权。否决权的设立是根据二战期间五国对维护世界和平的贡献以及战后的国际形势，为突出五国维护世界和平的责任和保持它们之间的一致而确立的。在国际重大问题的决策上保持五国一致有利于安理会重大决议的顺利执行，可以推动它们做出协商一致的集体决定，也有利于遏制超级大国滥用常任理事国的职权，做出有损世界各国利益或侵犯他国独立主权的决定。可以说，五国在安理会拥有永久席位且可以一票否决任何提案，是历史的选择。联合国70多年历程证明，这一设计是成功的，也是有现实意义的。当然，应该看到战后世界形势和格局发生了巨大变化，特别是广大发展中国家的集体崛起。它们在联合国的代表性和发言权不足的问题日渐突出，亟待通过改革，特别是安理会的改革加以解决。然而，安理会改革涉及修改宪章，且受历史因素和地缘政治等诸多方面影响，难度可想而知。

安理会主席一职由安理会成员国按照国名英文字母次序轮流担任。每一轮主席的任期为一个月。主席国通常根据形势和需要，并在听取各方意见的基础上制定月工作计划。

除定期会议外，安理会会议应由主席在他认为必要时随时召开。根据《联合国宪章》规定，经安理会理事国请求，就应召开安理会会议；任何联合国成员将某一争端或局势提请安理会注意，或大会向安理会提出建议、将某一问题提交安理会，或秘书长提请安理会注意某一事项时，主席应召开安理会会议。必要时，安理会可以举行峰会（国家元首和政府首脑会议）。安理会的首次峰会于1992年1月举行，时任中国政府总理李鹏出席了会议。最近一次是2009年，时任中国国家主席胡锦涛出席。安理会每一理事国拥有一票表决权。对程序性事项的表决，有九票赞成即获通过；对其他事项的表决，需要九票赞成，但九票中必须包括五个常任理事国方可获得通过。这里体现的是常任理事国的否决权。安理会设有附属机构，它们是维持和平行动办公室、反恐委员会、不扩散委员会、前南斯拉夫刑事法庭、卢旺达法庭等等。

《联合国宪章》规定，安理会做出的决议对所有会员国具有法律约束力，都有义务履行。

◇ **经济及社会理事会**

经济及社会理事会（以下简称"经社理事会"）是联合国的又一重要机构。根据《联合国宪章》规定，它对于促进国际社会在经济、社会、卫生、文教领域的合作及人权事业的发展负有主要责任。它是全面协调和指导联合国系统的经济和社会工作的主要机构，也是世界其他行为体与联合国结成伙伴关系的窗口。2005年世界首脑会议授权经社理事会召集年度部长级审查和两年一次的发展合作论坛。这些新职能于2006年11月获得联大批准（见A/RES/61/16决议）。年度部长级审查旨在评估各主要会议和首脑会议提出的发展目标的落实情况，包括取得的进展和面临的挑战。发展合作论坛的目标是为了增强开展活动的一致性和有效性，并为提高发展合作的质量和效果提供指导和建议。以上可以看出经社理事会的重要作用。

经社理事会共有54个理事国，其席位按地区分配，非洲14个，亚洲11个，东欧6个，拉丁美洲和加勒比地区国家10个，西欧和其他国家13个。经社理事会理事国经大会选举产生，任期三年，成员国可以连选连任。

每次会议选举主席一人，从五个地区轮流选出。副主席四人，分别从未当选主席的地区选出。理事会每个成员有一票表决权。提请理事会决定的提案或动议，经任何国家代表的要求应付诸表决。如无要求，理事会可不经表决而通过提案或动议。理事会以简单多数进行表决，即决定由出席并参加表决的成员过半数做出。表决方法通常是以举手方式，如有请求，可以唱名表决。弃权的成员国被视为没有参加表决。如赞成和反对的票数相等，该提案或动议则视为已被否决。各国代表可在表决开始前或表决结束后做简短发言，但仅以解释投票为限。

经社理事会每年7月举行一次为期四周的实质性会议，会议地点在纽约和日内瓦之间轮换。会议分为四个部分：高级别部分、协调部分、业务活动部分以及人道主义事务部分和常务部分。在高级别部分会议上，各国部长与国际机构负责人及其他高级官员讨论重大的经济、社会和环境政策问题，且通常会通过一份部长级宣言，为行动提供政策指导和建议。经社理事会的日常工作由其下属的各个职司、区域、常设委员会执行。

经社理事会有八个职司委员会：统计委员会、人口与发展委员会、社会发展委员会、妇女地位委员会、麻醉药品委员会（麻委会）、预防犯罪和刑事司法委员会、科学和技术促进发展委员会以及森林论坛等。每个职司委员会一般每年举行一次会议。每个委员会成员国约有 50 个，名额按地区分配，由经社理事会选举产生，设有任期制，成员国可连选连任。委员会的年度报告需要提交经社理事会审议。

经社理事会下设五个区域委员会：非洲经济委员会（1958 年 4 月建立，设在埃塞俄比亚首都亚的斯亚贝巴）、亚洲及太平洋经济社会委员会（1947 年 3 月建立，设在泰国首都曼谷）、欧洲经济委员会（1947 年 3 月建立，设在瑞士的日内瓦）、拉丁美洲和加勒比经济委员会（1948 年 3 月建立，设在智利首都圣地亚哥）以及西亚经济社会委员会（1973 年 8 月建立，设在黎巴嫩首都贝鲁特）。区域委员会的首席负责人为执行秘书（Executive Secretary），为联合国副秘书长级，由联合国秘书长任命。区域委员会的成员国组成为所有该地区的联合国成员。区域委员会依照经社理事会要求和自身职责范围及联合国关注的问题，在辖区内广泛深入开展工作。区域委员会的工作报告需要定期提交经社理事会审议。

经社理事会拥有常设机构，包括非政府组织委员会。考虑到国际上许多非政府组织对理事会工作具有可借鉴的特别经验或技术知识，经社理事会依据《联合国宪章》的规定向它们提供作贡献的机会。非政府组织委员会的设立旨在筛选并为合格非政府组织提供咨商地位，以确保它们能够及时、有效参与经社理事会事务。目前，经批准获得这一资格的非政府组织已多达 3000 个，其中包括中国的全国妇女联合会、中国联合国协会等。它们可以派观察员列席理事会会议及其附属机构的公开会议并发言，也可以就理事会的工作提出书面意见，还可以就关心的问题咨商联合国秘书处。

经社理事会还有近 20 个附属机构，主要有常设的方案和协调委员会、政府间机构协调委员会、国际麻醉品管制局，由政府专家组成的国际会计和报告准则工作组、联合国地名专家组、联合国全球地理空间信息管理委员会，以个人身份组成的发展政策委员会、公共行政专家委员会、经济社会文化权利委员会，还有联合国艾滋病毒/艾滋病联合规划署方案协调委员会、联合国人口奖委员会。它们都在职责范围内发挥着独特的作用。

◇ 联合国托管理事会

联合国托管理事会作为联合国的主要机构之一，负责监督托管领土。托管理事会由安理会的五个常任理事国组成，即中国、法国、俄罗斯、英国和美国。

二战后，联合国把某些殖民地交付一个或几个国家，或联合国本身管理，基本目的是促进被托管领土的政治、经济和社会发展，使之走向自治或独立。当时被置于托管制度下的领土共有 11 处，都是位于非洲及太平洋的前殖民地，包括前国际联盟委任统治下的领土、原属二战战败国控制的某些地区和负管理责任的国家交付托管的领土。

1994 年 10 月 1 日，由美国托管的太平洋岛屿帕劳正式宣布独立，成立帕劳共和国并于同年 10 月加入联合国，最后一处托管领土遂不复存在。托管理事会遂于 1994 年 11 月 1 日正式停止运作。理事会修改其议事规则，取消每年举行会议的规定并同意根据理事会或理事会主席的决定，或根据理事会多数成员国或联大或安理会的要求视需要举行会议。

◇ 国际法院

国际法院根据《联合国宪章》设立并开始工作，是联合国系统内依照《国际法》解决国际争端的机构，只受理国与国之间的跨国案件，负责对《联合国宪章》的解释，并就正式认可的联合国机构和专门机构提交的法律问题提供咨询意见。

国际法院由 15 名不同国籍和独立的法官组成，任期 9 年，可连任一次。关于选举程序，法官由各国提名，再由联大和安理会分别选举，获得两机构中的绝对多数票者当选。安理会就此投票时，常任和非常任理事国没有区别。国际法院正式语言为英文和法文。关于裁决，9 名法官构成开庭的法定人数，一切问题由出席法官的多数裁决。如遇票数相等，则由法院院长投决定票。

◇ **联合国秘书处**

联合国秘书处是联合国的主要机构之一，由秘书长和在世界各地为联合国工作的数万名工作人员（含临时雇员）组成，负责联合国的行政管理，为联合国各机构服务，包括处理大会和其他主要机关委任的各项日常工作，执行这些机构所制定的方案和政策。可见，秘书处的工作范围十分广泛，涵盖联合国业务的各个领域。秘书处下设多个部门，每个部门或办事处都有明确的责任分工。各办事处和部门之间相互协调，确保完成联合国各项任务。

秘书处的行政首长就是我们通常熟知的联合国秘书长。根据《联合国宪章》规定，秘书长由联大根据安理会的推荐选举产生，大会任命以简单多数票决定。大会可以拒绝安理会推荐的候选人，但无权任命未经安理会推荐的人选。安理会常任理事国在推荐秘书长时享有否决权。

联合国秘书长一届任期五年，可以连任一次。现任联合国秘书长古特雷斯先生来自葡萄牙，于 2017 年 1 月就职，是第九任联合国秘书长。

秘书长是联合国机构之首，享有很高声誉。在公众面前，他是"联合国的象征"，被认为是"国际公众的代言人和成员国的公仆"。在国际上，秘书长享有首脑级的外交礼遇，联合国各成员国也承诺尊重其职责具有国际性。联合国不是世界政府，所以秘书长不是世界总统或总理。

秘书处总部设有常务副秘书长一人，副秘书长和助理秘书长各 20 多名，协助秘书长工作。秘书处约有来自160多个国家的1万名长期合同职员，其中近一半在联合国纽约总部工作。

纽约总部秘书处设置如下：秘书长办公室、内部监督事务厅、法律事务部、政治事务部、裁军事务部、维和行动部、外勤支助部、人道事务协调厅、经济和社会事务部、大会和会议管理部、新闻部、安全和安保部、管理事务部、内部司法机构以及其他事务办公室等。秘书处还设有约十个相关事务的特别顾问办公室，如非洲问题特别顾问办公室。另外，为了更好地开展工作，秘书长根据需要就某个地区事务或某国冲突事件任命资深外交官或国际知名人士担任秘书长特使、特别代表或特别顾问等，配合秘书长和联合国开展斡旋、协调和谈判。目前，秘书长特使和个人代表约有20个，比如秘书长大湖区特使、秘书长索马里问题特别代表、非洲问题特别顾问等。

此外，秘书处还包括总部以外的前面提到的四个办事处（办事处主任为副秘书长级）和五个地区委员会。另有设在瑞士日内瓦的联合国人权事务高级专员办公室、减少灾害风险办公室，奥地利维也纳的联合国毒品和犯罪问题办公室，德国波恩的联合国志愿者（UNV）、日本东京的联合国大学（UNU），等等。

除上述机构外，联合国还有六个附属机构，也就是联合国的直属机构。与联合国机构不同，它们都是自筹经费，自行管理，且多数冠有"署"或"基金"的称号，主要有联合国开发计划署（UNDP）、联合国环境规划署（UNEP）、联合国人居署（UN-Habitat）、世界粮食署（WFP）、联合国人口基金会（UNFPA）和联合国儿童基金会（UNICEF）等。它们的职责范围主要集中在发展领域，所以被称为联合国发展业务。

此外，联合国还有与其建立特殊关系的17个国际组织，也就是我们通常所指的"专门机构"：

（1）国际劳工组织（International Labour Organization，ILO）；

（2）联合国粮食及农业组织（Food and Agriculture Organization of the United Nations，FAO）；

（3）联合国教育、科学及文化组织（United Nations Educational, Scientific and Cultural Organization，UNESCO）；

（4）世界卫生组织（World Health Organization，WHO）；

（5）国际货币基金组织（International Monetary Fund，IMF）；

（6）国际开发协会（International Development Association，IDA）；

（7）国际复兴开发银行（世界银行）（International Bank for Reconstruction and Development，IBRD）（World Bank）；

（8）国际金融公司（International Finance Corporation，IFC）；

（9）国际民用航空组织（International Civil Aviation Organization，ICAO）；

（10）万国邮政联盟（Universal Postal Union，UPU）；

（11）国际电信联盟（International Telecommunication Union，ITU）；

（12）世界气象组织（World Meteorological Organization，WMO）；

（13）国际海事组织（International Maritime Organization，IMO）；

（14）世界知识产权组织（World Intellectual Property Organization，WIPO）；

（15）国际农业发展基金会（International Fund for Agricultural Development，IFAD）；

（16）联合国工业发展组织（United Nations Industrial Development Organization，UNIDO）；

（17）世界旅游组织（World Tourism Organization）。

这些机构与联合国在法律上通过专门协议，"同联合国合作并彼此合作"。它们的特征如下：政府间组织，有自己的章程和议事规则，并各有自己的成员国以及预算、秘书处和附属机构，其成员国和联合国的会员国并不完全相同，它们在经济、社会、卫生等特定业务领域负有广泛的国际责任。它们须接受联合国的一般监督、协助和协调行动，需要向联大、经社理事会提交工作报告，参与有关议题的讨论和决策。

此外，联合国还与8个国际组织签署协议，建立合作关系，这些国际组织包括国际原子能机构（International Atomic Energy Agency，IAEA）、禁止化学武器组织（Organization for the Prohibition of Chemical Weapons，OPCW）、全面禁止核试验条约组织筹备委员会（Preparatory Commission for the Comprehensive Nuclear－Test－Ban Treaty Organization，CTBTO）、世界贸易组织（World Trade Organization，WTO）、国际移民组织（International Organization for Migration，IOM）、国际海床局（International Seabed Authority，ISA）、国际刑事法院（International Criminal Court，ICC）以及国际海洋法仲裁法庭（International Tribunal for the Law of the Sea，ITLOS）等。根据规定，它们有的需要定期向联大和安理会报告工作并参加有关问题的讨论，如国际原子能机构、禁止化学武器组织、禁核试组织筹委会；有的没有义务定期向联合国报告，只在特定情况下进行报告，如世界贸易组织；有的定期参加联合国的跨机构协调会议，如国际移民组织、国际原子能机构和世界贸易组织。

联合国和17个专门机构及8个相关组织，被称为"联合国系统"或"联合国大家庭"。联合国职责广泛、任务繁重、机构庞大、文山会海。可以说，联合国的管理和运营是个极为复杂、颇具挑战的系统工程。为更好实现《联合国宪章》的宗旨和目标，除自身不断努力外，联合国同其他国际组织开展合作，协调一致，应对挑战，披荆斩棘，不断前行。

五、联合国的成就与面临的挑战

联合国在四分五裂的世界和二战的废墟中应运而生。它确立了必须依循和平、对话和国际合作的价值观,承载着人类永不再战、实现集体安全、促进经社发展及保护人权的美好愿景。《联合国宪章》就是这些价值观和愿景至高无上的体现。

70多年来,联合国见证了跌宕起伏的国际形势、剑拔弩张的美苏冷战、翻天覆地的世界格局以及当今多极化世界的和平与发展主旋律。联合国本身也发生了巨大变化:成员国由原来的51个增至193个,成为全球最具普遍性、最具代表性、最具权威性的国际组织;发展中国家成为主体,打破了美国和西方主宰联合国的局面;地位和作用得到很大提升,成为各国最为看重的国际事务合作平台和协调中心,成为多边规则和国际法的主要制定者、实施者和监督者,成为国际行为合法性的源泉。

《联合国宪章》规定,各国无论大小、强弱,主权平等,以和平方式解决国际争端,不得使用武力或武力威胁侵害他国的领土完整或政治独立、不干涉一国内政。这些,今天已经成为国际社会普遍接受和遵守的原则。

◇ **维护世界和平与安全**

联合国的首要任务是维护世界和平与安全,避免世界大战重演。然而,树欲静而风不止。战后世界并不太平,局部战争和地区冲突连绵不断。进入21世纪,恐怖主义、极端主义、分裂主义活动日益猖獗,对地区安全和世界和平构成极大的威胁。面对国际安全领域错综复杂的问题和挑战,联合国施加影响、积极应对,发挥了干预、调停、斡旋、制裁甚至武力干涉等重要作用,在多数情况下,很大程度上避免了事态的恶化,缓解了尖锐的矛盾。可以说，联合国在国际上起到了稳定器和扑火队的作用。

联合国维和行动是国际社会为维护世界和平与安全而采取的一项重大措施和有效手段。自1948年以来，联合国实施了70多项维和行动，先后参加维和行动的人员多达百万，有3300多人献出了宝贵的生命。目前，有来自100多个成员国的12.5万维和军人和民警在16个维和任务区执行任务。另有3600多名民事人员在37个特别政治任务区工作。他们所处的环境极为特殊、极具挑战性，安全方面最危险，生活方面最艰苦，任务方面最紧张。根据联合国统计，在2015年8月1日—2016年5月31日的10个月里，有43名维和人员牺牲，75人受伤。我们要为这些维和人员的奉献精神点赞。

进入21世纪以来，为应对新形势，联合国维和行动授权任务日益增多，行动目标更加广泛。2015年9月30日，联合国召开维和行动峰会（中国国家主席习近平与会），各国积极评价维护行动并表示继续予以大力支持。会上，有60个国家承诺提供4万名维和待命军、警人员，包括中国承诺的8000人。目前，联合国维和行动遍布世界四大洲，广受欢迎。维和行动被称为"旗舰"工程，1988年被授予诺贝尔和平奖。

联合国致力于国际军备控制、裁军和防扩散。这是维护和平与稳定，避免地区冲突和战争的另一重大举措。联合国在这一领域做出了不懈努力，采取了不少实际行动，包括内部建立相关机构，进行研究、协调和监督；推动设置裁军常设谈判机制，以利定期谈判达成有关条约；冷战期间召开三次裁军特别联大，造势并主要向美、苏两个军事强国施加裁军压力；连续发起三个"裁军十年"，动员各国民众和国际舆论以遏制扩军和促进世界裁军进程。联合国的努力赢得了国际社会的理解和支持，取得了可观的成就，达成了诸多共识和多个条约，包括在冷战时期成功达成的协议。这些条约涵盖核、生物、化学等领域，涉及海底、南极、外空、月球和其他天体。广大无核武器的中小国家为了维护本国、本地区的和平与安全，在联合国的支持和自身努力下，建立了多个无核武器区：拉美及加勒比地区、南太平洋地区、东盟10国东南亚地区、中亚地区、蒙古国、非洲地区等。在这些地区内，有力、有效地禁止了核武器的试验、制造、储存、部署和使用，起到了防止核武器扩散的作用。由于来自联合国的压力和自身需要，美国和苏联两个超级大国之间在冷战期间也达成了一些裁军协议，主要有《限制战略武器协议》《限制反弹道导弹系统》《防止核战争协定》等。

在防止大规模杀伤性武器扩散方面，1968年达成的《不扩散核武器条约》成为公认的防止核武器扩散的国际法律体系中的基石。它在避免核武器扩散、有效防止核物项和核技术转用于军事目的、阻止"核门槛"国家跨越"门槛"等方面起到了至关重要的作用。近年来，联合国十分重视核问题。2004年，安理会通过第1540号决议并设立1540号决议执行委员会，进一步加强了防扩散领域的"全球治理"。2009年，安理会举行核不扩散与核裁军首脑会议，通过1887号决议，重申致力于无核武器世界目标的共同承诺。2013年，联大通过决议，宣布9月26日为"国际全面销毁核武器日"。2016年，联大通过决议，决定谈判制定禁止核武器条约。这项谈判于2017年3月启动，当年7月在联大表决通过条约文本。联合国催生的国际原子能机构和国际禁止化学武器组织两个机构为世界和平做出了突出贡献，分别于2005年和2013年获得诺贝尔和平奖。

◇ **促进经济发展和社会进步**

联合国的第二大任务是促进经济发展和社会进步。在机构规划上，设立经社理事会，为联合国六大机构之一，专司这项工作。这足以说明联合国对这一任务高度重视。1961—2000年联合国连续发起四个"发展十年"，并制定履行十年的发展战略和中期进展评估。期间，联合国努力为发展中国家提供资金、改进金融和贸易体制、消除贫困、开发人力资源、避免环境恶化等等。1970年10月，联合国通过的"联合国第二个十年国际发展战略"中规定，发达国家对发展中国家提供的官方发展援助（Official Development Assistance，ODA）占其国民生产总值的0.7%，向最不发达国家提供的官方发展援助占其国民生产总值的0.15%～0.20%。四个"发展十年"战略的意义和成果值得肯定。而联合国的努力和执着给人们带来希望和信心，影响深远。

联合国是开展南北对话的主阵地。在这个过程中，南方，也就是发展中国家，北方，即发达国家，就经济关系中的问题展开频繁的全球性和地区性的多边磋商和谈判活动。发展中国家希望发达国家对国际货币基金组织、世界银行和关贸总协定（世界贸易组织前身）等三个机构进行改革，放松金融控制权，并增加对发展中国家的援助。为了增加谈判分量和捍卫共同利益，发展中国家抱团取暖，于1971年组成"77国集团"。它成为发展中国家的代表，在谈判和捍卫自身利益方面发挥了先锋作用。今天，该集团仍富有活力，继续发挥作用。

联合国积极支持广大发展中国家提出的改变不合理、不公正的国际经济新秩序。在发展中国家的推动下，联合国通过一系列旨在改革国际经济秩序的文件，提出了许多重要的政策性倡议。1974年4月联合国第六届特别大会通过了由77国集团起草的"关于建立国际经济新秩序宣言"和"行动纲领"，要求建立有利于第三世界经济发展的体制。之后，又分别于1975年、1980年和1990年举行特别联大，通过有关宣言、决议和行动纲领等，内容涉及经济领域内的各方面。此外，联大几乎每年都会通过"努力建立国际经济新秩序"决议，铭记《联合国宪章》有关宗旨和原则，回顾过去通过的宣言和纲领，重申需要努力建立以所有国家公平、主权平等、相互依存、共同利益、合作和团结等原则为基础的国际经济新秩序。当然，把纸面上的美好愿景变为现实远非易事，问题的根本解决不会一蹴而就。这是个长期较量和艰苦斗争的过程。应该承认,能把问题及早提出来进行争论,制造声势,引起关注,这本身在一定意义上就是成功,应予以积极评价。

与此同时,联合国十分关注和支持非洲地区的经济发展。联合国举行特别联大和专门会议,制定发展议程和行动纲领,旨在推动非洲地区的经济复苏,解决发展危机,消灭贫穷,消减债务,促进人员培训与就业。进行的三个"非洲工业发展十年"(2016—2025 为第三个十年),旨在推动非洲地区的工业发展,为经济增长注入动力和活力。联合国非常支持非洲联盟的《2063 年议程》。此外,联合国十分重视和关心最不发达国家问题。1981—2011 年推动召开了 4 次最不发达国家问题会议,聚焦目前全球 48 个国家的 8.8 亿人口的发展问题。2011 年 5 月的第四次会议设定,到 2020 年有一半的国家实现"毕业"的目标。会议通过一项宣言和《2011—2020 十年期支援最不发达国家行动纲领》。当然,能否实现这些目标,关键看有关国家、国际社会,尤其是发达国家在提供援助、技术、资金方面的行动。但联合国的努力有目共睹。

联合国还特别关注小岛屿发展中国家的经济发展,举行过三次专题国际会议,通过了一些行动计划,包括《小岛屿发展中国家快速行动方式》(也称《萨摩亚途径》)。同时,联合国没有忽略内陆发展中国家的经济发展,举行过两次专题大会加以探讨和研究,通过了《内陆发展中国家 2014—2024 年十年维也纳行动纲领》。

联合国在援助发展中国家方面做出了重要贡献。联合国开发计划署、联合国人口基金会和联合国儿童基金会等机构所从事的发展业务,为发展中国家提供了数量可观的物资和项目援助、数额可观的低息贷款和资金援助。据不完全统计,联合国开发计划署在全球包括中国在内的 170 个国家派驻了工作人员,从事经济援助、项目合作与协调工作。而联合国儿童基金会由于贡献突出于 1965 年获得诺贝尔和平奖。

联合国重视环境问题，联大在1968年决定召开一次人类环境会议。1972年，首次环境会议在瑞典举行，通过了《人类环境宣言》，提出一个响亮口号"只有一个地球"，必须共同爱护。此后，联合国迅速成立了联合国环境规划署，负责协调重大环境行动。在联合国环境规划署的组织和协调下，国际社会达成一系列多边环境公约。1990年联大首次讨论环境与经济发展问题，并决定于1992年在巴西举行环境与发展大会。会议通过了《环境与发展宣言》和《21世纪行动议程》两个纲领性文件，提出了"可持续发展"的观点，确定了环境与发展相结合的方针，强调"各国在和平发展和保护环境方面相互依存"。

进入新千年，全球环境问题突出，联合国更加重视可持续发展问题，并于2002年8月在南非召开了"可持续发展问题世界首脑会议"。会议通过了《可持续发展宣言》和可持续发展"实施计划"。2012年6月，联合国在巴西举行可持续发展大会，有191个国家参加，79个国家元首和政府首脑与会，可谓盛况空前。会议总结过去和展望未来，确定一个需要遵从的基本原则：公平性原则、持续性原则和共同性原则。可持续发展强调经济、生态和社会的协调统一，以平衡方式实现经济发展、社会发展和环境保护。这些举措为联合国和国际社会开启重视可持续发展的新高潮奠定了坚实的基础。

气候变化是联合国关注的一个新议题。1988年联合国通过了"为了当代人和子孙后代保护全球气候"的决议，开始正式应对气候变化。而1990年联大通过保护地球气候的决议，则拉开了多边谈判的序幕。经过多轮谈判，分别于1992年5月达成《联合国气候变化框架公约》（1994年3月生效）和1997年12月达成《京都议定书》（2004年11月生效，对公约进行了实质性扩充）。为了成功实现"公约"制定的最终目标，需要达成一个拥有具体实施指标的协定。谈判进程艰难坎坷，一波三折。经过多年、多次艰苦谈判和讨价还价，2015年12月在巴黎举行的第21次缔约国大会上，195个缔约国终于达成全球气候变化性协定——《巴黎协定》，2020年生效。这项协定为将气候升高幅度控制在2℃，乃至1.5℃之内敞开了大门。此项成果意义深远，是全球气候治理进程的里程碑。这表明，通过气候行动打造低碳未来已经成为人类共同的选择。

综观整个过程，联合国是国际气候谈判的主渠道，在全球气候治理的格局中处于中心地位。其间，联合国框架下的政府间气候变化专家委员会发挥了建设性作用。其卓有成效的工作受到广泛认可，并在2007年获得诺贝尔和平奖。

社会发展与经济发展密切相关。自诞生起，联合国一直把社会发展视为工作基石，采取不少实际行动，推出诸多重大举措。早在1969年联大就通过了"社会进步和发展宣言"，提出了具体实施措施和应达到的指标。此后，联合国又多次召开全球性专题大会，包括儿童问题、人口问题、粮食问题、艾滋病问题、妇女问题（第四次世界妇女大会于1995年在北京举行）等。联合国经过四次筹备会议后，于1995年在丹麦召开了社会发展首脑会（时任中国总理李鹏率团与会）。会议通过了一项"宣言"和"行动纲领"，内容饱满，既有政治承诺又有具体行动计划。联合国经社理事会和其下属的社会发展委员会定期讨论、审议、评估、监督和协调这一行动纲领的落实情况。从上述措施和行动可以看出联合国的良好意愿和政治决心。

联合国在毒品治理、预防犯罪、扫除文盲、反对腐败、保护弱势群体、提高妇女地位等方面做了大量工作，采取了不少有力措施，成效明显。主要如下：举行两次禁毒特别联大，发表《2014世界毒品报告》，制定《精神药物公约》；多次举行预防犯罪和刑事司法会议，发表宣言，制定行动框架和指南；发表治理艾滋病领域的宣言和行动纲领；制定《联合国反腐败公约》，强化反腐打击力度和非法资产追缴，深化引渡行动和国际合作；召开四次世界妇女大会，通过有关宣言和行动纲领，1975年建立"联合国妇女发展基金",1980年通过《消除对妇女一切形式歧视公约》;1982年发起"联合国残疾人十年""世界行动纲领"以及2006年大会通过的《残疾人权利公约》及其定期审议和评估制度。

难民事务始终是社会发展中的重要问题。战后,地区冲突、战乱和社会动荡连绵不断,导致难民问题和流离失所者不断涌现。根据联合国难民署2016年6月发布的报告,2015年全球难民人数多达2130万,是20世纪90年代以来的最高水平;全球国内流离失所者达4080万人,是有史以来的最高纪录。目前,全球正面临二战以来最为严重的难民潮,正经历着前所未有的人道主义危机。

联合国非常重视难民问题的解决,一直致力于难民的保护和经济援助。联合国大会于1950年通过决议,决定成立"联合国难民署",专门负责协调和处理难民事务。1955年,联合国制定了《关于难民地位的公约》。1967年制定了"议定书"。这为国际社会提高认识、积极行动奠定了法律基础,为难民甄别与遣返、提供异地安置以及反对歧视等提供了法律保障。

多年来,联合国难民署为众多难民提供了有力庇护和诸多帮助,包括对他们的紧急救助、收容与安置,以及保护安全、异地安置、体面遣返等等。由于工作出色,该署分别于1954年和1981年两次获得诺贝尔和平奖。

新的千年,新的愿景。为了使世界更加和谐美好,联合国在努力。2000年,联合国召开千年首脑会议,制定并通过了著名的"千年发展目标",旨在系统化地推进各项事业的发展。这些发展目标如下:

(1)消灭极端贫穷和饥饿;

(2)实现普及初等教育;

(3)促进两性平等并赋予妇女权利;

(4)降低儿童死亡率;

(5）改善产妇保健；

(6）与艾滋病、疟疾和其他疾病作斗争；

(7）确保环境的可持续能力；

(8）制定促进发展的全球伙伴关系。

千年发展目标凝聚了国际社会在发展领域的诸多共识。在联合国推动下，这些领域成为15年内全球重点发展的总目标，是国际组织、成员国和民间社会力量共同为之付出的落脚点，是国际合作的主攻项目。由于多方聚焦、共同发力，尽管千年目标进展参差不齐，但在许多领域取得了令人可喜的进展。

2015年是千年发展目标收官之年，联合国举行发展峰会，在总结成绩和不足的基础上，制定了新的发展目标——"2030可持续发展目标"。这是为未来15年规划的发展愿景，为人类、地球与繁荣制订的行动计划。由于气候变化等原因，联合国的发展理念转向了实现可持续发展。所以，新的发展目标强调了发展的可持续性，共有17大目标（每个目标项下都有具体目标，共169条）：

(1）在全世界消除一切形式的贫困；

(2）消除饥饿，实现粮食安全，改善营养状况和促进可持续农业；

(3）确保健康的生活方式，促进各年龄段人群的福祉；

(4）确保包容和公平的优质教育，让全民终身享有机会；

(5）实现性别平等，增强所有妇女和女童的权利；

(6）为所有人提供水和环境卫生并对其进行可持续管理；

(7）确保人人获得负担得起的、可靠和可持续的现代能源；

(8）促进持久、包容和可持续的经济增长，促进充分的生产性就业和人人获得体面工作；

(9）建造抵御灾害能力的基础设施，促进具有包容性的可持续工业化，推动创新；

（10）减少国家内部和国家之间的不平等；

（11）建设包容、安全、有抵御灾害能力和可持续的城市和人类住区；

（12）采用可持续的消费和生产模式；

（13）采用紧急行动应对气候变化及其影响；

（14）保护和可持续利用海洋和海洋资源以促进可持续发展；

（15）保护、恢复和促进可持续利用陆地生态系统，可持续管理森林，防治荒漠化，制止和扭转土地退化，遏制生物多样性的丧失；

（16）创造和平、包容的社会以促进可持续发展，让所有人都能诉诸司法，在各级建立有效、负责和包容的机构；

（17）加强执行手段，重振可持续发展全球伙伴关系。

新议程规模宏大，雄心勃勃，前所未有，展示了联合国的雄心。除设定具体目标外，议程还规定了执行手段、多层面的后续落实和评估指标。2030可持续发展目标是千年发展目标的延续，对全球发展的影响必将超过千年发展目标，为强化经济、社会、环境三大支柱平衡协调发展提供了契机。各国承诺，将为实现这一目标而不懈努力。联合国有关决议指出：我们宣布的今后15年的全球行动议程，"是21世纪人类和地球的章程"，"是一个民有、民治和民享的议程"，也是一个意义深远和以人为中心的变革性的目标。"如果我们能够实现我们的目标，那么世界将在2030年变得更加美好。"

◇ **保护人权**

保护人权是联合国三大任务之一。鉴于二战期间对人权的大规模践踏和残酷暴行，《联合国宪章》的制定者把人权保护的思想充分反映在宪章文本之中。这也表明人权已全面进入国际法领域，开辟了世界重视保护人权的新篇章。

从机构设置上看，联合国有人权理事会，附属于联大（前身是1946

年成立的人权委员会,为经社理事会职司委员会之一),定期审议全球人权相关问题;1994年,设立专职人权事务高级专员,副秘书长级,负责监督和协调有关活动,增加了实施力度。2005年9月的联合国60周年首脑大会通过了"成果文件",决定增加资金资源和人力资源以利于人权事务高级专员在技术援助和能力建设等领域能够有效应对各类人权挑战。这就从机制上为人权的保护提供了制度保障,增强了执行力度。

1948年12月,联大通过了《世界人权宣言》。该宣言虽不具有法律约束力,只享有道义上和政治上的权威,但意义重大,影响广泛而深远。此后,为强化对人权的保护,联大于1966年12月通过了《经济、社会和文化权利国际公约》和《公民权利和政治权利公约》及其《任择议定书》供各国签字、批准。这三个文书于1976年3月生效,迄今已经有160个国家批准和加入。它们和《世界人权宣言》一起构成了通常所称的"国际人权宪章",为国际社会捍卫人权提供了强有力的法律保障。

人权的概念和内涵随着社会进步而不断得到丰富和拓展。《非殖民化宣言》《消除一切形式种族歧视国际公约》和《发展权利宣言》等文件,将人权从个人人权扩大到集体人权、从侧重政治权利扩大到全面的发展权。它们开始重视民族自决权、生存权等更广泛的权利内容。这主要是来自发展中国家的贡献。

目前,联大所通过的决议或制定的法律文书涵盖的人权保护范围已经十分宽泛,涉及种族歧视、种族隔离、种族灭绝、囚犯待遇、奴隶制、酷刑、非殖民化,以及儿童保护、男女平等、消除对妇女歧视等等。而且在具体实施人权保护方面,联合国设有一套比较完善系统的执行机制,主要有报告制度、个人申诉制度、国家间指控制度、调查程序、特别程序等等。

据统计,联合国在过去70多年里共通过了80多个有关人权的宣言、公约、议定书等,加之大会和专题会议以决议形式通过的行动纲领,它们几乎覆盖了人权保护的各个方面。可以说，联合国已经建立了一个比较全面和完整的保护人权的条约体系，成为现代国际法的重要组成部分。

◇ **国际法的发展**

除安全、发展和人权三大任务外，国际法的发展是联合国不可忽视的主要目标。《联合国宪章》明确要求联合国逐步编纂和发展国际法。70多年来，联合国重要的成就之一是制定了涉及诸多领域的500多项公约、条约和标准，规定了各个缔约国的国家行为和承担的法律义务，这些成为用以保障每个人与生俱来的自由、平等和尊严的核心条约体系，也为维护世界和平、促进经社发展和保护人权提供了国际法律框架。同时也是实现国际关系法制化、民主化的基石。

《联合国宪章》强调非殖民化、民族自决。联合国为此不断努力，始终把结束殖民主义作为其义不容辞的责任。世界非殖民化的伟大进程，首先是殖民地人民长期坚持斗争的结果，但联合国发挥的积极推动作用也不能忽视。联合国从成立之初的51个成员国，增至193个，其中新增成员国的80%曾是被奴役和被压迫的殖民地。铲除殖民主义和种族主义，无疑是联合国的伟大成就，也是人类文明史上的巨大创举。也正是因为殖民地国家的政治独立和加入联合国，才使得联合国今天能够成为世界上最具代表性、普遍性和最具权威性的政府间国际组织。

从二战废墟中走出来的联合国，度过了70多个春秋，经受了汹涌波涛的考验，取得了举世瞩目的伟大成就。应该说，创立联合国的核心目标是维护来之不易的宝贵和平，防止世界大战悲剧的重演。战后虽然世界上未能摆脱局部战争和地区冲突，但人类成功地避免了新的世界大战，实现了罗斯福、斯大林等联合国创始人希望世界至少能维持50年和平的愿望。这其中联合国的贡献和作用不可小视。正如2004年联合国改革名人小组在一份报告中所指出的那样："倘若没有联合国，1945年之后的世界很可能更为血腥。""20 世纪下半叶,国家战争少于上半叶。考虑到在同一时期国家的数目增加了近四倍,人们很可能预料国家之间的战争会有显著增长。然而事实并非如此。对此,联合国功不可没。"

联合国是当今世界最具代表性和权威性的政府间国际组织。但是,联合国不是超级国家,也不是超级政府。联合国的决策者是 193 个成员国,且在多数情况下实际的领跑者、主导者是少数大国。所以,对联合国的作用要能够客观认识和正确理解。联合国的工作和作用有诸多不如人意、甚至令人失望之处,人们时而也会听到否认联合国的声音。然而,客观、公正地说,联合国所取得的成就世人瞩目、值得自豪。这是不能否认的。联合国所发挥的作用也是独特的、无法替代的。可以说,世界需要联合国,世界人民期待联合国发挥更大的作用。

《联合国宪章》确立的愿景远未实现。当前,武装冲突仍在世界许多地区发生,气候变化正威胁着我们赖以生存的星球,人道主义危机日益严重,难民和流离失所者的数量创二战以来最高,暴力极端主义和恐怖活动十分猖獗,有组织犯罪和跨国犯罪屡禁不止。人类还需要面对和迎战日益频繁和严重的自然灾害、环境的退化和荒漠化、极端贫困与全球疾病等等。为适应形势需要,联合国的业务和职责在扩展,联合国还需要应对一些新的颇为敏感、颇具争议的问题,需要成员国深入细致地探讨并逐渐形成共识。联合国的机构也在改革,触及多方利益,辩论激烈。而改革的日渐深化将会引发宪章的修改,需要慎重和妥善处理。联合国面临着诸多严峻挑战,同时也步入了一个充满机遇的时代。联合国处在新的十字路口。

在成立 70 周年之际,联合国提出这样的口号:联合国强大,世界更美好(Stronger UN and Better World)。这是联合国的美好憧憬,也是世界人民的共同心愿。国际社会期待并需要联合国发挥更大的作用。站在新的历史起点,我们有理由相信,联合国仍将一如既往,勇敢面对新挑战,披荆斩棘,不断前行,在不平凡的道路上取得不平凡的成就。

六、中国与联合国

中国是联合国创始成员国，是安理会五个常任理事国之一。联合国创建初始，中国是旧金山制宪会议的四个发起国之一，对联合国的筹建和成立做出过重要贡献。随着国际格局的演变、联合国在国际关系中的地位和作用的变化以及中国自身的发展，中国在联合国外交平台上发挥着越来越积极的作用，为世界和平发展做出越来越重要的贡献。但是，在漫漫历史长河中，中国与联合国关系的历程却是曲折坎坷的。

回望 1945 年联合国创建时期，中国参与了包括起草修订《联合国宪章》的大量重要工作。早在 1941 年，中国就签署了《联合国家宣言》，该宣言在反法西斯斗争中发挥着重要作用。1944 年 8—10 月间，中、美、英、苏四国分组先后在美国华盛顿的敦巴顿橡树园举行会议，拟定了《联合国宪章》的基本轮廓，并将要成立的国际组织命名为"联合国"。1945 年 4—6 月的旧金山制宪会议上，中国代表团对《联合国宪章》的最终确定发挥了重要作用，中国提出的关于国际法、非联合国理事国的"地域分配"等重大建议都被接受，并纳入《联合国宪章》。在中国的坚持下，《联合国宪章》第 12 条规定了由联合国管理托管地，并最终实现自治与独立等主张；在《联合国宪章》中写进有关民族自治、民族独立等内容。这是中国对《联合国宪章》和国际秩序设计做出的重大贡献。

1945 年 6 月 26 日上午 10 时许，在美国旧金山退伍军人纪念堂，联合国的 50 个创始国在一致通过了的《联合国宪章》上签字。

当时参加联合国制宪会议的中国代表团有国民政府代理行政院院长宋子文（首席代表）、驻英大使顾维钧、国民参政会主席王宠惠、驻美大使魏道明、前驻美大使胡适、民社党代表张君劢、青年党代表李璜、前南京金陵女子大学校长吴贻芳、中共代表董必武、《大公报》总编辑胡霖。代表团中的 8 人（宋子文和胡适因故未参加签字仪式）先后在《联合国宪章》上庄重地写下自己的名字。中国成为当时第一个在《联合国宪章》上签字的国家，顾维钧成为《联合国宪章》签字的第一人（见图 57）。

图 57　顾维钧第一个在《联合国宪章》上签字

当时，中国共产党为了能派代表参加联合国制宪会议，参与《联合国宪章》的签署，与国民政府进行了不可妥协的力争工作，历尽周折，联合一切积极力量的支持，最终争取到一个名额，派出董必武赴会（见图 58）。

在二战中，中国是最先遭受法西斯同盟侵略的国家。中国人民艰苦卓绝的抗日战争从 1931 年持续到 1945 年，历时 14 年。据不完全统计，中国军民伤亡 3500 余万人。这场顽强不屈的持久战大大牵制了日军的兵力，打乱了德日法西斯全球战略计划，为盟国最终的胜利赢得了时间。著名历史学者齐世荣教授在其《论中国抗日战争在第二次世界大战中的地位和作用》一文中陈述：中国的持久抗战特别是中国共产党领导的敌后抗

图 58　董必武在《联合国宪章》上签字

战，抗击和牵制了日本陆军总兵力的三分之二，共歼灭日军 150 余万人，约占日军在第二次世界大战中死伤人数的 70%。抗日战争进入相持阶段后，中国共产党领导的敌后战场抗击着约 60% 的侵华日军和 95% 的伪军，歼灭日伪军 170 余万人。日本战败后，向中国投降的日军共 1283 万人。

在世界反西斯战争中做出重大贡献的中国人民得到国际社会的认可，在联合国框架内拥有举足轻重的地位。《联合国宪章》明确规定了美国、苏联、中国、英国和法国等五国为拥有否决权的安理会常任理事国。可以说，中国人民的巨大牺牲和重大贡献证明了中国人民维护世界和平的决心和能力，让中国赢得了在联合国和安理会的重要地位。毫无疑问，这是中国人民在世界反法西斯战争胜利后所应得的国际地位。

然而，从 1946 年的第一届联大第一次会议起，中国在联合国的席位一直都为国民党所控制。新中国成立后，中华人民共和国在联合国的合法席位长期未得到恢复，直至 1971 年。

新中国成立之时，正是第四届联大召开之际。1949 年 9 月 30 日，中国人民政治协商会议通过决议，经过立法程序否认了国民党集团代表中国出席联大的资格。11 月 15 日，外交部长周恩来致函联合国秘书长和联大主席，正式通知联合国：所谓"中国国民政府代表团"已经不能代表中国，应该取消他们继续代表中国参加联合国的一切权利。这一要求是符合客观历史事实的，是代表中国人民利益的，传达的是中国人民的正当诉求。但是这一要求的提案，在美国设置的重重障碍中，一直被拖延、推迟，不予以上会。20 多年里，周恩来总理兼外交部长（1949—1958 年）携外交官员，为中华人民共和国在联合国的合法席位进行了坚持不懈的斗争。

1971 年 10 月 18—25 日，第 26 届联大终于以专题讨论恢复中华人民共和国在联合国的合法席位问题。美、日代表采取各种手段对所有能够对讨论/投票结果施加影响的国家代表做工作，拉拢更多的国家，希望他们能支持美、日等国的提案，甚至试图在程序上推迟表决时间，还提出把"双重代表权"的提案放到阿尔巴尼亚等国提案的前面表决等，但结果都失败了。25日，联大首先表决美、日等国提出的驱逐国民党政权是"重要问题"的提案，结果以55票赞同、59票反对、15票弃权遭到了否决。接着表决阿尔巴尼亚等国提出的恢复中

> 2758 (XXVI). Restoration of the lawful rights of the People's Republic of China in the United Nations
>
> *The General Assembly,*
> *Recalling* the principles of the Charter of the United Nations,
> *Considering* that the restoration of the lawful rights of the People's Republic of China is essential both for the protection of the Charter of the United Nations and for the cause that the United Nations must serve under the Charter,
> *Recognizing* that the representatives of the Government of the People's Republic of China are the only lawful representatives of China to the United Nations and that the People's Republic of China is one of the five permanent members of the Security Council,
> *Decides* to restore all its rights to the People's Republic of China and to recognize the representatives of its Government as the only legitimate representatives of China to the United Nations, and to expel forthwith the representatives of Chiang Kai-shek from the place which they unlawfully occupy at the United Nations and in all the organizations related to it.
>
> *1976th plenary meeting,*
> *25 October 1971.*

图59 联合国第2758号决议

华人民共和国合法席位和驱逐国民党集团代表的提案。期间，联合提案国从原来的18个增加到23个。结果以76票赞同、35票反对、17票弃权压倒多数通过了联合国第2758号决议（见图59）。决议说："承认中华人民共和国政府的代表是在联合国组织的唯一合法代表，中华人民共和国是安全理事会五个常任理事国之一，决定：恢复中华人民共和国的一切权利，承认她的政府的代表为中国在联合国组织的唯一合法代表并立即把蒋介石的代表从它在联合国组织及其所属一切机构中所非法占据的席位上驱逐出去。"由于以上两项提案表决的结果，"双重代表权"的提案没有付诸表决就夭折了。22年的斗争，终于等来了这一刻，中华人民共和国在联合国的一切合法权利，从政治上、法律上和组织上彻底地得到了恢复。

恢复在联合国的合法席位后，中国与联合国外交经历了几个阶段：宣传思想理念的"讲坛"、国际合作的"平台"以及发挥大国作用的"舞台"。在整个20世纪70年代，中国把联合国看作一个讲坛，用来宣传中国的外交思想和路线，从而争取国际社会的理解和支持。中国高举反霸大

旗并建立国际统一战线。中国提出"三个世界"划分理论，并宣布自己属于第三世界。中国团结并发展了和广大第三世界国家的战斗友谊。80年代，随着改革开放的深入，中国的外交政策经历了一次重大调整，以适应以经济建设为中心的需要。1979年，中国开始接受联合国系统有关发展业务各机构在资金、技术和人才等方面对中国的援助。到1986年，中国已恢复和参加了联合国系统所有下属经济委员会、发展业务机构（联合国开发计划署、联合国人口基金会、联合国儿童基金会等）和专门机构（世界银行、国际货币基金组织等）的活动。同时，中国开始全面参与联合国的活动。这个时期，美国、苏联之间的关系走向缓和。在联合国，对话和谈判成为主旋律。中国从原来与77国并肩战斗的斗士变成推动南北对话的桥梁，联合国是中国的国际合作的平台。冷战结束后，休眠了40多年的安理会恢复了活力，五常之间出现了坦诚务实的合作关系，中国既是第三国家代表，也是安理会大国。中国以联合国为舞台，深入参与国际事务，扮演了大国角色，发挥了大国作用。进入21世纪，世界格局从两极格局向多极格局迈进，我们跨入一个政治多极化、经济全球化和社会信息化的新时代。同时，联合国也走在了十字路口，需要改革以更有效应对诸如金融危机、恐怖主义、气候变化等全球性问题。联合国改革举步维艰，但和平与发展是人心所向，对话合作是大势所趋。

自改革开放以来，中国的经济社会发展取得长足进步。今天，中国已是世界第二大经济体，从来没有如此靠近世界舞台中心。中国的发展对联合国和其他国家都是机会，绝不是威胁。中国始终是世界和平的建设者、全球发展的贡献者以及国际秩序的维护者。

2015年7月24日，中国外交部与联合国驻华系统共同发布了《中国实施千年发展目标报告》。该报告指出，"过去15年，中国全力落实联合国提出的千年发展目标，取得了举世瞩目的成就，已经实现或基本实现了13项千年发展目标指标。1990—2011年间，中国贫困人口减少了4.39亿人,为全球减贫事业做出了巨大贡献。2004年以来,中国粮食产量连续11年增长,用占世界不足10%的耕地,养活了占世界近20%的人口。中国大力推进卫生、教育等民生工程,2000年以来累积解决了4.67亿农村居民的饮水安全问题,学龄儿童净入学率稳定维持在99%以上。中国实现自身发展的同时,积极开展南南合作,先后为120多个发展中国家落实千年发展目标提供了力所能及的帮助。""60多年来,中国共向166个国家和国际组织提供了近4000亿元人民币的援助,培训了1200多万名受援国各类人才。""为满足最不发达国家的特殊需要,中国自2015年1月1日正式实施给予与中国建交的最不发达国家97%税目产品零关税待遇措施。中国先后6次宣布无条件免除重债穷国和最不发达国家对华到期政府无息贷款债务,金额共计300亿元人民币。"

维持和平是联合国各项事业中非常重要的一项。如果没有和平,教育、基础设施建设和正常的经济发展都无法得到保障,社会的整体发展更是无从谈起。自1990年4月中国首次向联合国停战监督组织派出5名军事观察员开始,到2015年,中国已经连续25年参加联合国维和行动。25年来,中国军队共累计派出维和官兵30178人,其中有10名官兵牺牲在了维和岗位上。中国维和官兵共新建和修复1.1万千米道路和300多座桥梁;排除地雷和各类未爆炸物9400余枚;接诊病人14.9万人次;运送各类物资器材110万吨,运输总里程1200万千米,相当于绕地球赤道300圈。随着中国国力的提升,中国为维和行动派出的兵力和承担的款项都逐渐提高。最多时,中国维和部队同时在世界上11个任务区执行维和任务。中国维和部队从单一的工兵部队发展为包含运输、医疗、警卫和步兵在内的多兵种协同的维和力量。目前,中国是联合国安理会常任理事国中派出维和兵力最多的国家。中国所承担的维和经费摊款总额位居世界第二,仅次于美国,承担10.25%的维和摊款。2015年联大通过2016—2018年会费及维和摊款的分配比例:中国每年应该缴纳的会费比例由5.148%升为

7.921%，居第三位；维和摊款由6.64%升为10.2%，位居第二。我国每年需缴纳约2亿美元会费、8亿美元维和摊款。根据联合国三年一调整的规定，2018年联大将对2019—2021年分摊比例再次做出新的调整。随着中国经济的不断发展，可以预计，中国的分摊比例将会再次上调。

党的十八大以来，中国在国际舞台上纵横捭阖，在习主席提出的"构建人类命运共同体"理念指引下，不断以积极的姿态参与联合国事务和重大国际行动，发出中国声音，提出中国方案，贡献中国智慧，展现工作担当。"构建人类命运共同体"这一理念得到国际社会的普遍认可和好评，并于2017年写入联合国决议。

中国支持联合国工作，希望联合国发挥更大作用。2015年，在联合国成立70周年之际，中国发起举办"世界妇女论坛"，邀请联合国成员国参加。习主席出席并宣布：为支持联合国妇女署工作，中国捐款100万美元，用于支持落实1995年在北京召开的第四次世界妇女大会通过的"北京宣言"和"行动纲领"；在今后5年内，帮助发展中国家实施100个妇幼健康工程；向发展中国家提供13万个妇女培训名额。在联合国维和峰会上，习主席宣布中国决定：设立"中国-联合国和平与发展基金"，为期10年，总额10亿美元；加入联合国维和能力待命机制，组建8000人维和待命部队；在今后5年内，向非洲联盟提供1亿美元无偿军事援助，以支持非洲常备军和危机快速反应部队；在今后5年，为非洲开展10个扫雷项目、培训2000名维和人员。在当年举行的联合国大会一般性辩论会议上，习主席宣布中国将设立"南南合作援助基金"，首期提供20亿美元，以支持发展中国家更好地落实联合国提出的2015—2030年可持续发展目标。同时，中国决定免除不发达国家、内陆和小岛屿发展中国家2015年底到期未还的政府间无息贷款债务。

近年随着中国联合国会费分摊比例的不断增多，中国开始加大向联合国输送人才的力度，并陆续出台一系列措施。与此同时，中国更加重视联合国的作用。相信中国的联合国外交将会更加活跃，与联合国的关系将会更加密切，对联合国事务的参与将会更加深入和广泛且更具引领作用。

2001年 西北工业大学模拟联合国团队成立

2002年 团队首次参加纽约国际模拟联合国大会

2002 年　西北工业大学举办首届模拟联合国大会

2004 年　团队参加纽约国际模拟联合国大会

2005 年　团队承办中国模拟联合国大会 *

中国联合国协会致感谢信

---

* 中国模拟联合国大会由中国各大高校轮流举办；在 2010 年之前，由承办会议的高校依照高校所在地命名，之后统称为中国模拟联合国大会。

2006 年 团队参加纽约国际模拟联合国大会

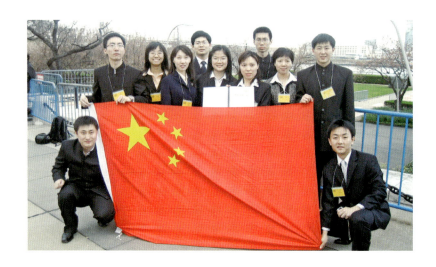

2007 年 团队参加北京大学模拟联合国大会

UNITED NATIONS AND MODEL UNITED NATIONS

2008 年　团队承办纽约模拟联合国大会西安分会

会议现场

大会秘书长李霓

大会主席团

大会志愿者

西安古城墙游览

文化社交晚会

2009年　团队参加纽约国际模拟联合国大会

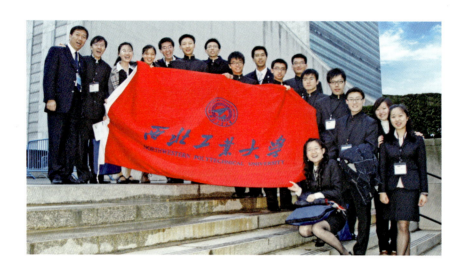

2010年　团队参加纽约国际模拟联合国大会

2014 年　团队承办中日韩青年论坛及模拟联合国大会

2015 年　中国高校模拟联合国联席会成立

2015 年　西北工业大学联合国研究与教学中心成立

UNITED NATIONS AND MODEL UNITED NATIONS

2015 年 团队参加纽约国际模拟联合国大会

2016年　团队参加纽约国际模拟联合国大会

2017年　团队参加纽约国际模拟联合国大会

2018年　团队参加纽约国际模拟联合国大会

模拟联合国

通过模拟联合国活动,参与者可以了解国际形势中的突出问题和有关国家的立场,熟悉联合国有关机构的议事规则和运作方式,学习谈判技巧,提高中外文表达能力,为将来走向社会、走向世界作准备。

一、模拟联合国会议活动环节

随着模拟联合国活动的发展,模拟联合国会议在很多方面都发生了新的变化,但不可否认的是,模拟联合国会议与联合国会议仍具有很高的相似性,大部分模拟联合国会议仍是对现实世界中联合国会议的模拟。在会议中,参与者代表着特定的、真实存在的联合国成员国。

对于模拟联合国会议,根据时间的先后关系,可以将整体会议分为三个阶段:会议前、会议中和会议后。在每个阶段中,具体的活动环节不尽相同。在参加会议之前,代表们进行的工作主要集中在对议题、所代表国家及其他国家等进行深入调研,并完成立场文件的撰写。而在参加会议的过程中,代表们要进行正式演讲、磋商(包括自由磋商与有主持核心磋商)和文件写作(包括工作文件、决议草案与修正案)等活动。在会议之后,代表们往往要针对此次会议的议题、磋商情况、文件等进行整理与归纳,从而对参会情况进行系统的总结。模拟联合国会议的主要活动环节如图 60 所示。

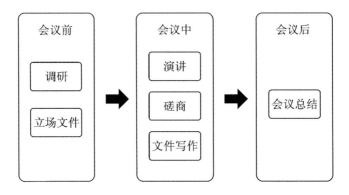

图 60　模拟联合国会议主要活动环节

以下先对各环节进行简要介绍，后续再进行详细介绍。

（一）会议前

在会议召开之前，代表们的工作主要包括两方面：调研与立场文件写作。面对陌生的或似曾相识的国家、议题及委员会，代表们往往要进行一系列调研工作，从而对会议进行充分的准备，以期在会场上与其他代表进行卓有成效的磋商，并应对会场上可能出现的情况，为寻求解决问题的方案奠定基础。随着调研工作的逐步深入，立场文件写作的工作也随之展开，并伴随于调研工作中。通过调研与立场文件的写作，所代表国的立场逐渐形成，上会思路与策略逐渐明晰。除了调研与编写立场文件外，会前，代表们还会通过信息搜集、培训等手段对会议礼仪、会场要求等进行了解与准备。同时，应该注意到的是，随着社交网络与新媒体的逐步发展，代表们有机会通过多种手段在会议之前与其他代表进行互动与沟通。这种基于网络的沟通也成为现阶段模拟联合国活动的新特点之一。

（二）会议中

经过会前充分而有效的准备工作，在会议进行中，代表们的主要工作包括演讲、磋商与文件写作三方面。

演讲是会议期间重要的信息传递方式，具有单向性、一对多的特点。通过演讲，代表们能在短时间内将本国立场传递给与会的其他国家代表。

磋商是模拟联合国会议不同于其他学生活动的特点之一。根据会议的不同，磋商包括自由磋商与有主持核心磋商。在自由磋商中，通过与其他代表面对面的交流，代表们可以在一定时间内了解其他国家的立场，同时，也能将本国观点传递给其他国家。自由磋商是一种多向性的交流方式，信息量大，传递速度快、效率高，是会议初期重要的交换信息的手段。有主持核心磋商是针对具体的某个方面的讨论，代表们依次进行相关发言，与正式演讲相类似，但讨论内容更为集中、具体。

随着会议的进行，代表们通过文件的类型对达成的共识、立场、解决方案等进行汇总。文件主要包括工作文件、决议草案与修正案。

除了上述三个主要方面，在会议期间，代表们还会通过会议间隙进行交流，例如午餐、茶歇等时间。这种非正式的沟通，也是有效促进会议进行的手段之一。而在一些模拟联合国会议中，主办方通过邀请相关学者、外交官进行主题讲座、研讨会等形式，提升模拟联合国的教育意义，从而帮助代表们加深对议题以及这项活动的认识。

（三）会议后

在会议结束后，对会议进行总结是代表们的主要工作。模拟联合国会议众多，议题委员会多样，每次参会之后，通过对会议进程的梳理、会议中突发情况的回顾、各主要国家对议题立场的回顾以及会议文件的整理，可以帮助代表们更好地整理思路，为今后参加会议提供帮助和参考，对模拟联合国社团的可持续发展具有重要帮助。同时，会后也是代表们继续沟通的时间，通过多种方式，代表们可以持续交流，长叙友情。

二、模拟联合国会议调研

"Although prior knowledge, interest, and motivation certainly contribute to the success of a Model UN, an intermediate step, that is, a period of extensive preparation, is usually required before delegates are able to participate in a large, external simulation in any meaningful way."

对于模拟联合国的参与者来说，会议之前进行充分的准备工作是顺利参会的重要前提与保证。主办方在会议前期是有大量工作要做的，会议的委员会、各委员会的议题、各议题的背景文件及国家名单的确定都是经过细致深入的调研、设计、策划给出的。每场会议都要准备包含委员会、议题、国家名单及翔实可靠的内容、逻辑性强的背景文件等大量的会议资料。这些会议资料可以指导参会者进入议题，并引导、限定会议进程的大方向。每一位参会者，都会有其所代表的国家、所位于的委员会和议题以及议题背景文件，参会者必须对他所代表的国家国情、所在委员会使命、讨论的议题及背景文件展开深入的调研，继而撰写出符合本国立场的立场文件。文件写作须表达通顺、逻辑缜密。可见，会前调研工作需要投入大量的时间与精力，而且需要参会者具备较高的学术性研究能力。因而，参加模拟联合国会议的第一步就是要学习调研，即如何从学术研究的层面上准备会议。

（一）调研框架与思路

调研是模拟联合国参与者的一门必修课，不论是会议主席，模拟联合国指导教师，还是参加会议的代表，在面对规模大小不尽相同、地区特点各异的模拟联合国会议时，在面对繁多的委员会时，在面对种类繁杂的议题时，都需要进行系统的、渐进式的调研。

现今国际范围内，大大小小的模拟联合国会议不计其数，这些会议分布在文化特点不同的各个国家。在不同的会议之中，委员会设置种类颇多。延伸到议题的层面上来说，更是花样繁多，令人应接不暇。代表们每次参加会议时都可能面对全新的委员会、陌生的国家与一无所知的议题。这些议题往往超出代表们日常生活或学习所能接触到的方面，比如国际安全问题（Security）、经济问题（Economy）、环境问题（Environment）、人权问题（Human rights）等。调研，就是要使代表们在参加会议时能把"陌生遥远"的议题研究到"信手拈来"，能够从容不迫、淡定自如地进行深入的探讨，从而寻求可能的解决方案。

调研既然具有如此重要的作用，那么究竟调研什么呢？调研思路与框架又如何呢？

顾名思义，调研包括调查和研究两个方面，即利用调查手段获取信息，利用研究手段分析信息，从而得到事物的客观特征。对于模拟联合国会议而言，调研可以具体化为：通过调查手段对议题、国家、委员会等相关信息进行收集，利用研究手段对这些信息进行分析，深入理解相关问题，完成立场文件，并形成上会思路与策略。

（二）调研内容

调研一般包括以下七个主要方面的内容：

（1）所在委员会（Committee）；

（2）所代表国家（Country）；

（3）议题解析（Topics）；

（4）背景文件（Background Guide）；

（5）国际形势（World Situation）；

（6）所代表国立场（Position）；

（7）上会策略（Caucus）。

"收集—分析—形成"的过程始终贯彻在这七方面的调研过程中。

一些刚接触模拟联合国的朋友或者第一次参会的代表往往对调研无法取得全面而清晰的认识，总觉得调研费时费力，难以获取需要的资料，无法形成与本国情况相符的立场，甚至感到调研对参加会议的帮助微乎其微。调研是一项工作量较大的工程，特别是对于参加模拟联合国的新手来说，由于缺乏经验，往往易于陷入资料的茫茫大海中，辨不清方向。需要注意的是，调研不是单纯的资料搜集，而是要在调研的基础上，科学系统地分析研究，使调研工作高效、系统地展开。希望模拟联合国的参与者们在了解调研相关内容的基础上，勤加实践，踏实调研。这样才能对参加模拟联合国会议真正有所帮助，才能领略模拟联合国这项活动的魅力。

1. 所在委员会（Committee）

（1）委员会简要历史背景与现状。

模拟联合国会议设置了众多委员会，而且这些委员会的发展历程也不尽相同。在绝大多数的背景文件中，首先都会对委员会的历史进行介绍。代表们不应该忽略这些叙述性文字，因为这对了解委员会具有引领作用，有助于参会代表对委员会的相关情况有一个快速而全面的了解，帮助代表尽快进入调研状态。同时，由于议题设置都符合委员会的特点，熟悉委员会的历史背景也能对后续议题的调研进行铺垫。在了解委员会历史的同时，代表也不能忽略委员会的现状。委员会现任成员国与将要参加此次会议的国家、会议周期等都是代表们需要了解的。在某些情况下，通过了解委员会的成员国信息，代表们能够预先找到潜在的合作国家与伙伴，在会议伊始便能够迅速组建起联盟。

（2）委员会议事规则与流程。

作为模拟联合国的重要参与者，各位代表就是规则的遵守者，遵循大会的议事规则也是模拟联合国的基本要求之一。然而，在实际会议中，由于受到地区、语言等因素的影响，会议规则的制定者会针对不同的委员会进行规则的调整。尽管这种调整可能仅仅是一些细枝末节上的微调，但是，这些细微的变化却有可能在一定程度上决定会议的走向。这样一来，就需要代表预先对会议的相关议事规则与流程有个全面的了解，特别是其所在的委员会与其他委员会的不同。比如，在联合国安理会中，五大常任理事国拥有否决权（Veto）。也就是说，在实际安理会会议中，常任理事国中任何一国动用否决权，决议草案就无法得到通过。但是，在模拟联合国会议中，由于各种各样的原因，并非所有的模拟"安理会"都会设置常任理事国否决权。作为决议草案投票的关键一环，否决权直接关系到草案能否通过。如果代表们在会议之前不了解此次"安理会"是否设置有否决权，那么在最终投票的过程中就可能发生意料之外的情况。

2. 所代表国家（Country）

在得知所分配的国家后，代表们应该迅速进入角色，也就是将自己"转换"为所代表国家外交官的身份。虽然在某两次或多次会议中代表相同国家的情况可能发生，但是更多情况是，准备某个会议时，代表们所面对的都是相对陌生、了解较少的国家。这种情况下，通过进行一定程度的资料查询，可以对所代表国家的基本情况有一个较为全面的了解。作为代表国家的外交官，代表们当然需要了解该国家的基本国情，如地理、文化、政治、经济等基本内容是必须首先要加以了解的，这些知识有助于代表体会该国的"性格"。在这些基础上，还要特别注意与议题有关系的基本国情，例如宗教或军事等方面。对于基本国情的调研不必过于深入，因为参会代表毕竟不是考古学家或者地理学家，但一定要准确，不应在一些近乎常识的问题上出现错误。

需要了解的国家基本情况包括以下几方面：

（1）地理位置；

（2）政治概况；

（3）基本外交政策与外交关系；

（4）文化；

（5）人口；

（6）经济；

（7）所参与的主要国际性、地区性政府间组织；

（8）与议题相关的基本情况（如医疗卫生、军事等）。

3. 议题解析（Topics）

在准备某个特定会议时，议题（Topic）是代表们首先获悉的内容之一。然而，这个最先出现的题目却往往最容易被忽视。模拟联合国的参与者都深知调研的重要性，但是，代表们在调研时，常常忽视了题目本身，就直接开始寻求建立本国立场的途径。正确理解议题的含义，对于整个调研过程，甚至于参加会议的整个过程来说，都具有基础性的意义。理解议题的过程类似于作文时"审题"的过程。对议题不合理的理解或者不完全的理解，不但不能引导正确的调研方向，还有可能导致后续的调研活动事倍功半。

既然分析议题具有如此重要的作用，那么究竟怎样才能正确理解议题？在大多数模拟联合国委员会中，会议的议题往往都是由短语组成的，不会出现难以理解的复杂的长难句。代表们分析议题题目的过程，实际上就是分析这些短语中的中心词、关键词以及它们之间的关系。当然，要想正确分析议题，对常见的类型，也就是对短语结构必须有清晰的了解。

由于议题的特殊性，要求言简意赅，一般来说，名词短语作为一种基本短语类型，是议题最为常见的结构形式。分析名词性短语，最重要的就是要分清中心词与关键词（定语）。根据定语的不同词性，又将名词短语分为形容词性名词短语、介词性名词短语等。

下面就对典型的模拟联合国会议的议题进行分析。

Topic 1：Corruption（Harvard Model United Nations，HMUN 2012）

这是一个单一名词构成的议题。这种议题往往看上去是最容易分析的，但实际上，由于定语缺失，仅仅依靠中心词，它的范围实际上难以把握。"Corruption"不仅是议题的中心，也包含了议题的范围。单一名词构成的议题，这个名词可能具象，也可能比较抽象。对于这类议题，应该紧密结合背景文件与国际热点展开调研。

Topic 2：Women and Violence（Harvard Model United Nations，HMUN 2010）

这是由两个名词并列组成的议题。对于没有定语的议题来说，抓中心词是最为重要的。作为中心词，"Women"和"Violence"都是议题所涉及的方面，但是，这两方面并非是孤立的，不是单一的妇女问题，也不是单一的暴力问题。议题是针对妇女暴力问题展开的。经过对议题的分析，这个议题也可定意为"Violence against Women"。

Topic 3：Economic Development and Regional Cooperation（NMUN · China 2008）

这是典型的形容词性名词短语。中心词是"Development"和"Cooperation"，定语"Economic"和"Regional"是关键词。"发展"与"合作"的范围实际上是很宽广的，有军事、卫生、政治等多方面的，也有双边、多边、国际等多层次的。但是由于"经济的"与"地区的"限定，议题范围与议题方向也就随之确定下来，即经济的发展与地区性的合作。同时，由"and"将前后并列，说明经济发展与地区合作有着一定联系，调研过程中不应将两者孤立开来。

Topic 4：Human Rights for HIV/AIDS Patients（CNMUM 2005）

这是一个介词短语做定语的名词短语。中心词是"Human Rights"，而"HIV/AIDS Patients"则是限定中心词的定语。人权的范围非常广泛，包括人身、政治、经济、社会、文化等诸多方面的权利。但是作为模拟联合国会议的议题来说，往往聚焦在某一个具体的方面，艾滋病毒携带者与艾滋病患者就是这个议题的关键点所在。所以，这个议题要着重探讨的就是关于艾滋病毒携带者与艾滋病患者的权利问题。

Topic 5：Breaking the Link Between Diamonds and Armed Conflict (National Model United Nations，NMUN 2008)

这是一个动宾短语。中心词是"Link"，介词短语"Between Diamonds and Armed Conflict"是中心词的定语，限定中心词的具体范围，是议题的关键词。所以整个议题的重点应该在处理钻石与武装斗争的联系上。在动宾短语结构中，动词的现在分词形式往往表示对于中心词、关键词的态度与讨论基调。主席通过议题告诉各位代表，会议讨论的方向就是"How to break the link between diamonds and armed conflict?"类似于议题中的"breaking"，常见的动宾短语议题中的动词有"promoting""protecting" "combating"等等。

Topic 6：The Impact of the Global Financial Crisis on the Universal Realization and Effective Enjoyment of Human Rights (China National Model United Nations，CNMUN 2010)

这是一个由复杂名词短语组成的议题，可以分为两部分，"The Impact of Global Financial Crisis"是中心词，介词"on"后跟随的"Universal Realization and Effective Enjoyment of Human Rights"都是中心词的定语，也就是议题的关键词。其中"Global Financial Crisis"可看作施主，而"Human Rights"限定的"Universal Realization and Effective Enjoyment"可看作受主，金融危机带来了影响，这是整个议题的中心点。对普遍实现与切实享受人权的影响限定了中心的范围，也就是议题的关键词。

名词性短语作为一般性结构，包含了中心词与关键词两大主要内容，如图61所示。分析议题时，中心词确定了议题的基本性质，关键词限定了议题讨论的主要方向与范围。通过分析议题，代表们需要弄清楚议题的基本性质、主要方向与范围,这也就是理解议题的目的。如果遇到动宾短语结构的议题,可采用同样的方法对动词后面的宾语部分进行分析。

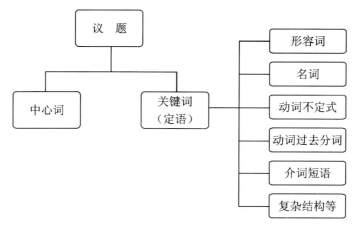

图 61　议题的基本组成

在背景文件中,一般都会对议题背景进行全面介绍。在阅读背景文件之前和了解委员会的同时,代表们也应该对议题的基本背景有一个大致的了解。特别是对于某些委员会,在设立之初就是针对某个方面的议题而设立的,这些委员会的议题往往具有时间上的延续性,并紧紧围绕委员会展开,例如妇女地位委员会(Commission on the Status of Women)所讨论的议题。

在对委员会、所代表国家和议题有了细致深入的了解之后,才可以对后续调研的重点——立场的确立和问题的解决办法,奠定必要的基础。

4. 背景文件(Background Guide)

背景文件,一些会议中也称之为学术指南(Study Guide),一般是指由大会官方发布的关于议题相关背景的文件。背景文件通常都是由各委员会学术指导或主席撰写的,在会议开始前由大会发布。在大多数模拟联合国会议中,背景文件是会议开始之前唯一的关于议题的官方指导性文件。背景文件对于会前准备相当于指南针的作用。

模拟联合国会议中与会代表众多，如何在短暂的会议时间内高效地讨论议题，形成决议？议题范围广阔，如何迅速缩小范围，抓住会议重点？这些问题，代表们在准备会议、参加会议时都会遇到。背景文件的功能在这个层面上来说，就是帮助代表们快速了解议题，缩小议题范围，寻找会议可能的讨论重点。会议的学术团队正是希望通过背景文件来指导代表们关注问题的重心，从而使代表们在正式会议进行时能充分利用有限的时间进行有效的讨论，推进会议有条不紊地进行。

在准备会议的过程中，背景文件具有十分重要的意义。正确深入地理解背景文件不仅能够帮助代表们找到调研的方向，更能帮助代表们了解会议的重点，进而在参加会议时抓住会议讨论的主线。

一般来说，背景文件包括如下内容：

（1）主席团欢迎信；

（2）文件写作格式要求；

（3）委员会介绍；

（4）议题解析；

（5）参考文献。

在背景文件的内容中，欢迎信与格式要求都属于程序性的部分。在前面所述的内容中，已经对委员会背景的预备调研进行了介绍。这里，对于背景文件的剖析，主要关注的是议题解析与参考文献。下面所指的背景文件就是指这两方面内容。

议题解析在背景文件中占据绝大部分篇幅，理解议题相关情况对于调研来说具有方向性的作用，也是代表们最关心的部分。理解背景文件，其实也就是分析背景文件中的议题相关情况。议题解析包含三个部分的内容：议题历史与现阶段的情况、热点与焦点、措施与立场以及寻求解决措施。这三个部分的内容是层层递进，不断跨越的，如图62所示。

图 62　议题解析的内容

（1）议题历史与现阶段的情况。

背景文件一开始都会介绍议题的历史，也就是议题的背景，包括问题的起源与发展过程。这些叙述性的文字看起来篇幅不多，实际上却能够帮助代表们快速进入议题。议题背景都是会议学术指导精心提炼而成的，简洁而不失重点。同时，特别对于一些历史相关的议题来说，这些议题背景内容就更为重要。所以，对于议题的历史性背景介绍，要仔细阅读，对于其中涉及的专有名词，包括组织、条约、文件等等，也应有所了解。

接下来，背景文件一般会就议题现阶段的情况展开叙述。现阶段情况既包括国际情况，也可能包括涉及的具体国家的情况。这些段落往往会接续相关的历史，阐述问题的现状，介绍国际社会已采取的措施，提出解决问题的障碍。分析这些内容时，代表们需要关注它们之间的逻辑联系，如图 63 所示。

图 63　议题现阶段的情况描述

（2）热点与焦点，措施与立场。

在分析清楚议题现状的同时，代表们需要对国际热点与会议焦点有所认识。

模拟联合国会议的议题一般都包含多个方面。了解议题的各个方面，要求代表们能够把握目前国际社会针对这个问题所关注的热点在哪里。更进一步，通过背景文件，要能归纳得出会议所关注的焦点在哪里。例如，对于"阿富汗局势"这个议题来说，阿富汗现状包括政治、军事、经济、卫生、宗教等诸多方面，就现阶段而言，国际社会更多关注的是卫生体系的建立、经济的恢复、边境的管控等内容。而在某次特定的模拟联合国会议框架下，受到讨论时间等的限制，此次会议可能关注的仅仅是卫生与边境问题。所以，清晰地归纳出热点与焦点，可以少走一些弯路，帮助代表们更有效地开展调研。

在分析现阶段情况时，代表们已经得出问题的内在逻辑联系，使问题更加具体化。面对问题，国际社会、组织与国家都已经采取或者正在采取这样或那样的措施。背景文件中，一般包括应对问题联合国所采取的重要举措、相关委员会与国际组织的努力以及某些国家的具体措施。这些都是背景文件给各位代表提供的重要资料。通过阅读这些内容，代表们能够归纳出措施所涵盖的基本方面以及所代表国家的立场。例如，针对阿富汗的毒品问题，目前的解决措施可以概括为加强边境检查、促进农业转型、强化政府管理、提供国际技术援助等方面，而不同地区性组织与国家所采取的具体措施能反映出代表们对于议题的基本立场。

（3）寻求解决措施。

解决措施（方案）是模拟联合国会议永恒的话题。与会代表不断地调研，参加会议，并与代表们讨论，最终形成决议草案，投票，目的都是为了寻求解决问题的可能的措施，从而促使问题得到解决。

寻求解决措施往往在背景文件中压轴出现。一般来说，背景文件在介绍了问题的基本情况、阐述已经采取的措施之后，会以结论的形式进行简要总结，并引导代表们寻求解决问题的方向。这部分内容通常篇幅不长，却具有抛砖引玉的作用，可以指导代表们进行深入调研并最终得出具体可行的解决方案。在理解这部分内容时，需要将其他内容的相关逻辑思路联系起来，注意提示性的文字，从而把握好后面的调研方向。

以上介绍的就是背景文件所涵盖的基本内容，这三部分内容相互联系，帮助代表们对议题有一个相对全面的认识与了解，为代表们的调研指明方向。

在剖析背景文件时，常用到两大思维方法：归纳法与分析法。归纳法就是指从背景文件的叙述性文字中，归纳整理出有重点有条理的信息的过程。在背景文件中，往往会遇到大量关于组织、措施、立场和文件等内容，归纳就是帮助代表们从这些繁杂的信息点中提炼出简洁的框架，为后续分析问题做好准备。当然，如果希望得到完善的框架结构，背景文件之外的辅助调研也是不可缺少的。分析法是指从条理性的信息中提炼出相互之间的逻辑联系，并进一步发散的过程。从基本的框架结构中，通过分析问题，找出问题的症结之所在，阐明"利与弊"，并延伸出可能的解决措施。相比于归纳法，分析法对各位代表提出了更高的要求，也是一名模拟联合国参与者所必备的基本能力之一。透过现象看本质，通过本质看问题，是分析问题的目的。综上所述，平时注意培养归纳与分析的能力，对各位代表参加模拟联合国活动有很大的帮助。

在背景文件中，参考文献也是非常重要的一部分。背景文件的制定者一般会注明相关材料的引用来源，并附注对理解议题有帮助的延伸阅读材料。调研时参考文献的价值不言而喻。代表们不应忽略这些背景文件所涉及的参考文献。这部分参考文献一般包括以下几方面内容：主要文件、重要讲话、相关报告、机构或组织网站和专题图书。在会议准备阶段，代表们要特别注意这些材料的阅读与理解。首先要全面了解，对每个材料的相关内容有所了解。然后针对议题与调研的实际情况，对重点文献进行深入研究。在深入研究这些参考文献之后，可能会有更多的引申材料被发掘出来。这样一来，代表们就可以从背景文件的参考文献入手，逐步加深对议题的理解。

5. 国际形势（World Situation）

背景文件的深度与广度受到篇幅限制，无法涵盖所有重要的信息，并且，模拟联合国会议的议题往往涵盖很多方面，各方面的信息量较大，关系较为复杂。同时，绝大多数议题是国际社会正在讨论的热点，情况变化快，信息更新频率高。这就要求代表们在会议之前，在分析题目、理解背景文件的基础上，对议题进行深入的挖掘，从而尽可能全面地掌握议题的核心。

作为模拟联合国会议的参与者，代表们所讨论的议题绝大多数都是国际上某一方面的热点问题。每一位"外交官"在调研时都需要清晰地回答下面三个问题：

➢ 问题现状（What is happening?）

➢ 已采取的解决措施（What have been done?）

➢ 解决问题的障碍（What are the barriers to the solution?）

这三个问题构成国际形势的三方面，也就是问题本身、既有措施与立场以及解决问题的障碍。

（1）问题本身。

搞清楚问题本身是解决问题的基本前提，也是代表们在调研初期应该首要分析的内容。例如：对于家庭暴力问题，目前究竟包括哪些具体方面？在哪些国家这个问题比较突出？这些疑问都是问题本身所涵盖的范畴。代表们在背景文件的基础上，通过阅读相关委员会、组织的文件、报告等，对问题的基本情况要有一个全面了解。然后，针对这些基本情况，分析问题的内在因素，例如，为什么该议题引起了国际社会的广泛关注？为什么目前妇女是家庭暴力的主要受害者？或许不能直接获得这些问题的答案，但是通过不断调研，全面理解议题，寻找出这些问题的答案也并非是一件难事。

（2）既有措施与立场。

针对问题，国际社会已经采取或者正在采取的措施，这些都是代表们继续寻求解决方案的基础与佐证。对于存在的问题，联合国、相关委员会、组织或相关国家都会采取应对措施，阐明所持立场。在背景文件中，一般都包含议题相关的已经或正在实施的重要举措与方案。通过回顾重要的决议案、会议记录与报告等文件，可以对历史上已经采取的措施与正在进行的措施有一定了解。在深入调研时，要注意对这些重要措施与立场进行全面的理解，包括时间、实施主体、基本内容与效果等。通过这些理解，帮助代表们分析出目前既有措施的利与弊，找出漏洞与不足，同时寻找出潜在的合作伙伴与支持国家。

面对那些与所代表国家相关的议题时，代表们会找到所代表国家已经采取过的措施和阐明的立场。毋庸置疑，这些措施与立场在调研中具有非常重要的作用。在处理这些重要信息时，不应将其孤立于其他国家或组织，而应放在国际社会大框架下来看待这些措施与立场。这样将更有利于全面地分析问题，而不是脱离于实际之外。

调研时，特别是在国际形势部分，往往会遇到庞大的资料体系，这对代表们的调研提出了极大的挑战。在了解问题本身时，代表们可能会查询到成百上千份相关的文件与报告，这些文献或多或少都与议题相关，令代表们难以取舍。面对这种经常发生的情况，就需要在全面的基础上有重点地进行选择。例如对于家庭暴力问题，在了解了一部分材料后，发现妇女是家庭暴力问题的一个十分重要的方面，并且是目前国际社会所关注的热点。那么，就可以妇女问题为重点，多多关注这方面的相关材料。在调研时，把握全面、突出重点十分必要。

（3）解决问题的障碍。

分析出解决问题的障碍是解决问题的前提。在采取措施之后，问题并未得到解决，这也就是为什么会议还要继续讨论这些议题。在议题背后，种种因素阻碍了既有解决方案的实施，堵上了通往解决问题大门的道路。这些障碍，往往是由多方面因素造成的。如何解决问题实际上就转化为如何克服这些障碍。在模拟联合国的会议中，代表们磋商、演讲等等一切的工作都是为了谋求克服障碍的一致，从而推进解决问题的进程。

通过对问题的理解与国际形势的调研，代表们将收集的资料进行汇总、归纳，并将其提炼为关键词、关键句，以便对问题进行更深入的分析。对于提炼整理后的信息，应沿着"问题—措施—障碍"的程序或模式进行重点分析，找出问题的症结。

6. 所代表国立场（Position）

在模拟联合国活动中，作为各国的"外交官"，代表们在国际化的舞台上针对不同的议题唇枪舌剑，力图通过不断深入的讨论从而找到解决问题的方案。在模拟联合国会议中，会场上随时都会风云突变。面对纷繁复杂的变化，各国"外交官"在与其他国家代表交流时，应秉持所代表国家应有的立场。在准备会议时，必须要针对所代表国立场进行细致的准备。

所代表国立场部分的调研在充分掌握"国际形势"的基础上主要分为以下两个部分：

➢ 议题问题的本国情况
➢ 议题问题的本国立场

这两个阶段是层层递进、不断深入的，只有做好了前面的工作，才能最终形成符合相应国家立场的方案。

（1）议题问题的本国情况。

在前面的叙述中已经就国际形势的调研进行了介绍。对应于国际形势，针对不同的议题，还需要对本国的相关情况进行调研。根据所代表国家与议题的相关性，这一阶段的调研可以分为以下两类：直接相关性议题和非直接相关性议题。

1）直接相关性议题指议题与所代表国家有直接关系。这类议题又有三种常见的基本形式：第一种是议题相关问题发生在所代表的国家，例如"阿富汗局势"与阿富汗；第二种是议题相关问题未发生在所代表国家或未涉及具体国家，但是与所代表国家具有地理相关性，例如"乌克兰局势"与匈牙利；第三种是议题相关问题未发生在所代表国家或未涉及具体国家，与所代表国家也无地理相关性，但所代表国家直接参与议题，例如"利比亚局势"与美国。

上述三种直接相关性议题是模拟联合国活动中最常遇到的情况。如果议题发生在所代表国家或者与所代表国家具有地理相关性时，代表们应首先对议题的基本情况有所了解。例如对于议题"阿富汗局势"，作为阿富汗代表，需要了解阿富汗目前的基本情况，包括政治、卫生、军事等等。而对于"乌克兰局势"，由于地理相关性，匈牙利代表有必要对邻国目前的局势有所了解，才能帮助解决问题。代表们在了解基本情况的基础上，深挖所代表国家已经采取的直接措施，从而为形成立场做好准备。对于无地理相关性但直接参与议题的国家代表，由于前期对国际形势与议题已经进行了调研，并且针对议题已经采取了措施，代表们可以从这些基本措施入手，直接了解所代表国在该议题上采取了哪些直接措施。

2）非直接相关性议题指议题与所代表国家无明显直接关联。也就是说，对于议题相关问题，所代表国家间接参与，例如"阿富汗局势"与尼日利亚。在很多模拟联合国代表看来，非直接相关性议题的调研往往比较困难。因为与议题非直接相关，代表们常常很难找到本国相关的材料。在这种情况时，很多代表开始臆造材料，而不是进行严谨的调研，违背了基本的调研精神。其实针对非直接相关性议题，也可以有很多切入点。首先就是地区性组织。对于国际问题，一般地区性组织都会提出基本立场与措施。对于议题"阿富汗局势"，所代表的是尼日利亚，如果发现很难找到本国相关的材料，就可以从非洲联盟入手展开调研。其次是政府间组织。在世界多极化发展的今天，政府间组织成为越来越重要的国际力量。代表们数次在气候峰会上听到来自77国集团的声音。在代表们无法从所代表国家直接入手时，不妨看看议题相关的国际组织，可能会大有收获。例如，针对议题"Pharmaceutical Patents and the Fight Against HIV/AIDS in Developing Nations"（医药专利与发展中国家的艾滋病毒/艾滋病防治），对于部分发达国家来说，很难找到与议题直接相关的资料，这时代表们就可以从世界知识产权组织入手，看看该组织在这个议题上采取了哪些具体的措施，这些措施在一定程度上也可以表现出所代表国的立场。

（2）议题问题的本国立场。

在参加会议之前，作为代表不同国家的"外交官"，对于确定的议题，需要形成参加会议的基本立场。本国立场不仅包括国家针对问题的基本立场，通常也包含代表们提出的进一步解决措施。本国概况、议题基本情况、国际形势等调研，都是为了分析并形成与议题相关的本国立场所做的准备。在分析与形成立场的过程中，由于无法找到直接的与本国立场相关的资料，或无法分析出所代表国家的基本观点，代表中往往会出现两种不严谨的现象，一种是肆意编造立场，另一种是没有任何立场。这两种现象的产生都是由于没有掌握正确的分析方法归纳出本国的立场。那么如何正确分析本国立场呢？

首先是直接立场。针对国际热点问题，外交机构一般都会明确指出本国的基本立场并将其公开。国家领导人或者外交官，在国际场合也会针对不同的问题发表公开言论。所代表国家签署的决议、投票记录等都可以代表该国的基本立场。

其次是间接立场。对于政府间组织的成员国而言，这些组织的某些相关措施与立场可以代表其成员国的立场。

最后是引申立场。如果代表们能够找到上述两种关于所代表国家的立场，那么通过对这些立场的总结和分析，就可以相对容易地形成参加正式会议的本国基本立场。如果代表们无法找到上述直接或间接立场时，可以进一步分析与所代表国家相关的材料，这些材料可以包括相关的报告、新闻、综述等等，这些资料，虽然无法帮助代表们直接得到所代表国家关于某个议题的基本观点，但是可以帮助代表们分析并形成符合该国基本外交政策的立场。

7. 上会策略（Caucus）

在调研工作进入中后期，特别是临近上会的阶段，代表们应将调研的内容进行全面而系统的总结，结合即将到来的会议，将本国立场与议题相结合，分析会场上可能出现的情况，制定合理的上会策略。上会策略主要包括以下四方面内容：

> 可能的解决方案及其依据
> 可能的盟友与潜在的不利因素
> 可能提出观点与方案的时机
> 所代表国家的参会与投票风格

在参加模拟联合国会议的过程中，代表们始终在寻求解决问题的方法与途径，以期促进问题的解决。在调研的过程中，通过对问题本身的认识、对已有的措施与立场的了解、对问题解决障碍的分析，代表们应逐步形成可能的进一步解决方案。解决方案包括解决问题的方向、框架，也可以包含具体的措施。在会议上，代表们将介绍本国所提出的解决方案，并游说他国支持所提出的举措。只有充分分析并能够详细说明采取相关措施的原因、优势，才能更好地向其他代表阐明本国观点。一套系统的解决方案，应该是建立在本国立场的基础上，依据充分，并依托于合理的具体措施。代表们应避免随意编造措施或提出毫无根据的措施。

不论是在联合国会议还是在模拟联合国会议中，都存在大大小小的国家集团（联盟）。国家集团的存在，对于推动会议进程的作用不容小觑。会议的中后期，特别是决议草案形成阶段，主要矛盾就集中在不同的国家集团之间。在会议前，代表们通过对与本国情况相近的国家的政策和立场进行一定程度的了解,确定未来会场上可能的盟友。这样一来,在会议开始阶段,就可以直接联系相关国家,寻求建立国家联盟。同时,不应忽视的是,对所代表国家不利的因素。这些不利因素,可能是持不同观点的某个国家,可能是反对本国提出的某个措施的声音,也可能是会场上出现的其他情况。对这些可能出现的不利因素,需要在会前有所准备,在正式会议中遇到时便能从容应对。

代表们可以对参会中提出观点与方案的时机进行整体把握。换言之,代表们可以在会前给出以下问题的答案:在会议的什么阶段,或在什么样的会场形势下提出自己的观点与方案?虽然在正式会议中,会场上的形势瞬息万变,但是,这种对于会议阶段的初步分析可以帮助代表们参会时把握住转瞬即逝的时机,推进会议进程。

对于绝大多数委员会来说,会议的最终目标是大会的成果——投票通过决议。而在会议中,也有多次程序性投票。应该注意的是,这看似简单的"赞成""反对"或"弃权",实际上是国家立场的体现。代表们在行使投票权时,不应草率地选择赞成、反对或弃权,而应将其建立在本国的基本立场上,符合所代表国家的投票风格。这就要求代表在会前对相关会议的投票记录进行调研,分析在会议上采用的可能的投票风格。

(三)调研方法

信息技术的快速发展,为模拟联合国活动带来了新的机遇。在会议之前的调研过程中,代表们能够利用互联网对相关信息进行搜集、整理。同时,利用快捷的通信手段,代表们也有机会与来自其他国家的代表进行交流。

但是,面对大量触手可及的资料,不少首次参加模拟联合国会议的代表在调研时却总感到无从下手。一方面,体现在无法快速分析出议题的突破口,理解议题的正确含义;另一方面,难以高效地利用时间找到有用的资料。

对于已经多次参加过模拟联合国会议的代表们来说，经历过实际调研，多多少少都会总结出一些适合自己的调研方法。这些方法不仅能够提高调研效率，充分利用有限的调研时间，更在一定程度上提升了调研的准确性与相关性。关于调研的方法，不同参与者的体会不尽相同，这里仅介绍一些常用的方法，希望对新手有所帮助。

1. 资料收集

常用的资料收集途径：

➢ 专著

➢ 搜索引擎

➢ 专用数据库

➢ 政府、机构、组织网站

➢ 新闻报道

科学合理地利用多种资源，可以高效地获取所需信息。在背景文件中，撰写者会罗列一些相关的参考文献，这些参考文献中，既包括相关的专著、报告，也有相关的网页，代表们应对这部分资料特别关注。除了背景文件延伸出的文献资料之外，还可以利用图书馆、网络等手段，通过阅读相关图书、报告，利用搜索引擎和数据库查找相关信息，获得大量资料。

随着互联网的迅速发展，很多资料已经可以通过网络进行获取。最常用的方法就是通过搜索引擎对关键词进行搜索，从而获得有关资料。需要提醒的是，互联网信息量巨大，一个关键词可能会搜索出上亿个页面。在使用搜索引擎时，要注意信息甄别，避免在没有价值的信息上浪费时间。科学使用搜索引擎，将对资料查询工作起到很大帮助。科学使用搜索引擎包括以下几个方面：

➢ 短语搜索：细化搜索条件将使搜索引擎反馈更为精确的结果

➢ 逻辑命令：使用布尔逻辑命令能够大幅度提升搜索的精度

➢ 特殊命令：能够将搜索精确定位在某个类型

联合国，一些组织、机构等都建立了专用数据库，以便对历史文件资料进行查找。这些专用数据库往往涵盖了相关委员会、相关议题领域的历史文件，包括会议记录、工作文件、决议案、报告等。利用这些专用数据库，代表们可以快速搜索到某个时间段、某个委员会、某个文件类型的文件，或者某个具体的文件，大大节省搜索文献的时间。常用的专门数据库包括联合国正式文件系统（Official Document System，ODS），联合国书目信息系统（UN Bibliographic Information System，UNBISnet），世界各国纪实年鉴（CIA World Factbook）等。常用搜索引擎与数据库见表1。

表1 常用搜索引擎与数据库

英文名称	中文名称	主要检索范围
Google	谷歌	互联网主要搜索引擎之一。包含海量页面索引内容，支持多种语言搜索
Official Document System（ODS）	联合国正式文件系统	包含几乎所有类型的联合国正式文件，包括大会及其附属机构、安理会及其附属机构、经社理事会及其附属机构和托管理事会会议以及联合国召集的全球大型会议和大会核准的会议日历排定的其他各类会议的会前、会期和会后文件
UN Bibliographic Information System（UNBISnet）	联合国书目信息系统	联合国系统文献、口述历史、成员国期刊、外部文献、法律文献、统计文献、地图等
Wikipedia	维基百科	全球较大的资料来源网站之一，包含288种语言超过3400万篇条目
CIA World Factbook	世界各国纪实年鉴	由美国中央情报局出版的调查报告，发布世界各国及地区的概况，例如人口、地理、政治及经济等方面的统计数据

除了搜索引擎和数据库，针对不同的议题，相关机构与组织的官方网站也是值得关注的。这些网站包括世界卫生组织、世界银行、国际货币基金组织、国际原子能机构、东南亚国家联盟、欧洲联盟、非洲联盟、美洲国家组织、世界贸易组织、77 国集团、20 国集团、亚洲太平洋经济合作组织、北大西洋公约组织等等（见表 2）。

表 2　相关国际组织网址

英文名称	中文名称	网址
World Health Organization	世界卫生组织	www.who.int
World Bank	世界银行	www.worldbank.org
International Monetary Fund	国际货币基金组织	www.imf.org
International Atomic Energy Agency	国际原子能机构	www.iaea.org
Association of Southeast Asian Nations	东南亚国家联盟	www.aseansec.org
European Union	欧洲联盟	europa.eu
African Union	非洲联盟	www.au.int
Organization of American States	美洲国家组织	www.oas.org
World Trade Organization	世界贸易组织	www.wto.org
Group of 77	77 国集团	www.g77.org
Group of 20	20 国集团	www.g20.org
Asia-Pacific Economic Cooperation	亚洲太平洋经济合作组织	www.apec.org
North Atlantic Treaty Organization	北大西洋公约组织	www.nato.int

政府网站也是调研中常常用到的。作为"外交官"，从政府网站可以了解到所代表国家的外交基本情况，特别是在该国的外交部门网站中，一般都有对本国基本外交政策的介绍。比如，中国外交部官网的网址为 www.fmprc.gov.cn。

除了以上途径之外，新闻报道也是值得代表关注的重要信息来源。新闻报道，作为一种调研的信息来源，具有国际性、时效性的特点。一方面，在面对一些复杂问题时，与会代表往往发现自己无法深入全面地理解。此时，利用资深记者撰写的分析性新闻，有助于代表们加深对问题的把握。但是需要注意的是，新闻报道带有一定主观色彩，作者的观点仅对调研起到参考作用。另一方面，很多议题的情况时刻发生着变化，通过关注相关新闻报道，代表们可以掌握该议题的最新情况。

2. 文献管理

对调研收集到的信息资料进行科学筛选与整理是不可或缺的。在整理材料时，先根据与议题的关联度进行筛选，与议题关联度小的材料可以直接排除，这样有利于集中方向。同时，在阅读资料过程中要进行合理的注释与标记，而在阅读后，要及时进行科学合理的整理与归纳，方便后续对相关信息的快速查找。对于通过网络获取的文件、报告、会议记录等文献，可以对文件重命名并按类别分文件夹存放。文件命名的方法很多，下面列举两种常用的方法。

（1）直接以文件号命名。一般官方文件都有标准的文件号，文件号包含了文件制定的主体、时间等基本信息。在保存文件时可以直接使用文件号作为文件名。例如：

文件名：A/RES/66/72

含　义：第 66 届联合国大会第 72 号决议

文件名：S. RES. 1540（2004）

含　义：联合国安理会第 1540 号决议（2004 年通过）

（2）综合命名法。文件号命名法相对简便，但是却无法直观反映出文件的主要内容。于是，在直接命名法的基础上，又衍生出了综合命名法。这种方法不仅包括文件号，还包括文件相关国家、所在委员会、主要内容等信息。通过综合命名法，可以对相关文献进行归类，在需要查找这些资料时，只需快速浏览名称，较为便捷。例如：

文件名：[EU] [2010. 212. CFSP] Position of the EU for the 2010 NPT

含　义：欧盟委员会共同外交与安全政策 2010 年第 212 号决议。主要内容是欧盟在 2010 年《不扩散核武器条约》缔约国审议大会的相关立场

文件名：[GER] [NPTPrepCom2007] Statement on behave of EU

含　义：在 2007 年《不扩散核武器条约》审议大会筹备委员会上，德国代表欧盟的发言

文件名：[EU] [NPT. CONF. 2010. PC. I. WP. 37] Nuclear Security

含　义：在 2010 年《不扩散核武器条约》审议大会筹备委员会上，欧盟提交的关于核安全的工作文件

3. 团队研讨

模拟联合国活动不是一个人的游戏，这体现在场内场外、会前会中的方方面面。团队成员的精诚合作，是取得成功的前提条件。

在调研过程中，模拟联合国参会代表团可以通过小组研讨、专题报告等形式，共同分析问题，探讨可能的解决方向，帮助团队成员在各自的调研工作中开拓思路，更加出色地独立完成所承担的工作任务。

三、模拟联合国会议文件写作

（一）背景文件

每一个模拟联合国会议的核心都是议题的调查研究与议题的会议协商，最终获得问题（议题）的解决办法。议题之广之深不是短短的三天会议能够探讨穷尽的，只能就某一方面或某一思路进行相对深入的探讨，从而获得一定的解决措施。如何引导各国代表集中在共同的焦点上深入展开探讨，需要会议组织方先期给予一定的指南。这个指南叫作背景文件（Background Guide）。

通常，背景文件由委员会简介、议题解析、参考文献三大部分构成。

背景文件是会议调研的重要指南，其主要作用在于指引会议方向、聚焦会议内容。于大会主席团，它是控制会议方向和进程的依据和纲领；于参会代表，它是会议调研的指挥棒，是众参会代表辩论谈判的聚焦点。一篇好的背景文件应该是专业、逻辑清晰、层次分明、主题鲜明的。对于大会主办方来讲，在会议方案设计前期，在初步设定了委员会和议题后，首先应该完成的是背景文件的撰写，撰写过程中要涉及大量的调研，包括对委员会的全面了解、议题的深入分析，以及文献资料的整合。背景文件中使用的内容如无特别标明出处的话，应为原创，参会代表不可违规抄袭。

撰写背景文件是一项非常耗时且颇有难度的写作工作。

1. 委员会简介

委员会简介可以说是背景文件的背景。它包括委员会成立的历史由来、成立的使命、工作职责的范围及成就。联合国的某些委员会就是针对解决某一具体问题而成立的，如联合国人权理事会、联合国难民署、联合国妇女委员会等。这样的委员会，其使命十分清晰和具体，在职责范围内更具有重心。还有一种情况是，比如核裁军的问题，它可以以国际安全视角出现在联大，也可以以核问题对环境造成的影响出现在联合国环境规划署。了解这些有助于参会代表明白所在委员会的工作重点，把握自身职责范围，在寻求解决问题的措施时能够更好地聚焦重点。这一部分内容要求对联合国的委员会做好深入调研，以求全面、客观、清晰、准确地掌握相关信息。

2. 议题解析

议题解析是背景文件撰写中的重中之重。通过解析议题，确立焦点，引导方向。解析议题的思路大致是：简述问题的要点，提炼国际框架下问题的焦点，尤其是联合国实施的举措，进一步分析问题的难点，这部分往往就是主办方要指引的方向。同时，提供真实案例分析，总结重点并给出后续调研的问题。解析议题要对该议题进行深入调研，确定该议题涉及的各方面，再提出子议题以进一步细化，将问题具体化，具体到现实中的真实条款、决议等措施。在议题解析中提供存在的或者可能的问题解决方案，搭建解决问题的具体框架，在此基础上提出可能存在的障碍。通过案例分析，可以是充分成功的解决方案，也可以是完全失败的行为分析等，在做出尽可能透彻的解析后，再统筹全局地提出几个深入调研的视角，引导代表们进一步研究，找出解决问题的办法。在文末可以直接将问题集中放置在总结当中，要确保为与会代表提供充分的产生基本立场的依据。

关于拆解议题可以参考如下示例。

议题：分析区域内移民对发展的影响

子议题：在非洲区域内移民的影响因素和趋势

区域内移民对发展的利弊分析

区域内移民带来的人才流失

议题：推动地区发展和一体化

子议题：地区贸易协定的作用和意义

经济援助的重要性

小额信贷是如何推动一体化发展的

议题：恐怖主义对国际和平的威胁

子议题：除了军事制裁之外还有什么方式可以更好地打击恐怖主义

如何更好地理解和把握恐怖主义行为当中的利益因素

如何更为有效地打击恐怖主义并保护人权

在议题解析中，所有问题的提出都有相应的佐证，都有事实、案例或引用来支持，以尽可能充分的事例来描述，以广泛性的叙述来充实整篇文件。为使与会代表能相对直接地切入议题并形成立场，可以选择在文中提及一些实际的个别国家的问题。写作时，要反复阅读，并换位思考。总之，作为一个代表要考虑能否准确地把握该文件的主要内容，能否清楚地获取必要的信息。

3. 参考文献

背景文件的另一重要作用是为代表们提供资料索引。背景文件中包含大量的引用和转述，为保证信息的专业和权威，所引资料必然要以权威、官方和真实为要义。每一议题解析的文末都要提供充足且据实的参考文献。

背景文件的撰写要充分体现权威性。所谓权威性是指信息真实准确，陈述严谨专业，语言正式流畅，引用据实清晰。

（二）立场文件

立场文件（Position Paper）是指在联大会前提交的表达自己国家在这个议题上的立场报告。模拟联合国大会上，参会代表也需要按大会要求的截止期在会前提交立场文件。

立场文件是用以表达国家或组织在某个特定议题上的立场概要的正式文件。立场文件应清晰陈述本国对议题（问题）的认识、观点与态度，以及处理问题的举措，并发出对成员国家的呼吁。不同规模、不同地域的模拟联合国会议对于立场文件的格式要求均有不同，这就需要参会代表依照会议要求来做。这里不做格式规范的分类叙述，采取纽约模拟联合国大会格式，讲解立场文件的篇章框架和写作要领。

每一次模拟联合国会议对立场文件在篇章框架、行文、篇幅上都是有要求的。

1. 篇章框架

（1）文头。

（2）首段。

（3）议题标题。

（4）主体。主体内容一般包括以下内容：

1）对问题由来的回顾，简述问题的危害，陈述联合国框架下已有的措施与决议，陈述本国所在区域组织（如欧盟、非盟等）已有的措施与决议。

2）本国对联合国、区域组织的举措与决议的态度，本国采取的措施以及成效。这一部分可以从国际层面、区域层面和国家层面分别陈述。

3）对问题现状的剖析，简述改善过程中遭遇的困难、障碍，以及需要进一步改善的迫切性。这一部分应有数据、案例等史实资料做佐证。

4）本国进一步采取的措施，以及即将采取的措施。

5）对国际措施的呼吁，对成员国家的要求。

▶ 立场文件样例

Delegation from *Represented by*

The Kingdom of Sweden　　　　　　Northwestern Polytechnical University

Position Paper for the General Assembly Third Committee

The topics before the General Assembly Third Committee are: Improving Coordination in Humanitarian Response to Natural Disasters and Other Emergencies, Preventing Violence and Discrimination Based on Sexual Orientation and Gender Identity and Promoting Rights and Strengthening Protections for Older Persons. The Kingdom of Sweden firmly believes that a consensus on human rights protection, effective coordination, and the perfection of systems and laws will make active contribution to international humanitarian and social development.

Ⅰ. Improving Coordination in Humanitarian Response to Natural Disasters and Other Emergencies

The Kingdom of Sweden has always highly valued the importance of coordination in humanitarian response to natural disasters and man-made crisis. Following the Humanitarian Response Review, the Office for the Coordination of Humanitarian Affairs (OCHA) has adopted the cluster approach to improve humanitarian response. On the other hand, an enormous number of people have lost their lives, property and homes in natural disasters, especially in developing countries. To address the issues, Sweden keeps consistent with A/RES/46/182, which guides Member States to make collective efforts in providing humanitarian assistance. Based on A/RES/69/243 and A/RES/70/107, Sweden acknowledges the leading role of the OCHA in international humanitarian matters and supports OCHA's actions. However, there are still challenges in improving humanitarian response effectiveness because of the endurance and complexity of humanitarian crises. Clusters, which play a very crucial role in humanitarian assistance, lack shared leadership, constant commitments for participation and monitoring, and the cluster meetings are often inefficient. A stronger role for local responders and more attention to marginalized groups are still needed. Meanwhile, the lack of funding in this regard is a serious problem as well. Faced with such situations, Sweden shows deep engagement in humanitarian matters. Internationally, Sweden participates in the World Bank Global Facility for Disaster Reduction and Recovery (GFDRR) to support the Sendai Framework. Sweden provides assistance of Information and Communications Technology (ICT) for Vanuatu and Malawi to ensure the information sharing and communication of humanitarian institutions in extreme disasters. Furthermore, Sweden has committed to providing $23.4 million for the Central Emergency Response Fund (CERF) to assist the world's most vulnerable children and women, which contributes to ensure the assistance for marginalized population and adequate funding. Sweden also encourages the Humanitarian Coordinator and Advisory Board to cooperate with OCHA, Inter-Agency Standing Committee (IASC), NGOs, recipient countries and donors to identify the demands for humanitarian assistance and allocate resources accordingly. Regionally, Sweden leads the European Forum for Disaster Risk Reduction and coordinates various EU Member States' national platforms for humanitarian issues in Europe through the Swedish Civil Contingencies Agency (Swedish: MSB) and the European Commission Humanitarian Aid Office (ECHO). Nationally, Sweden emphasizes the importance of tackling the underlying disaster risk and strengthens the early warning system and disaster preparedness in accordance with the Sendai Framework for Disaster Risk Reduction 2015 – 2030. The government has earmarked SEK 43 million ($5.06 million) per year for preventive measures for existing developed areas, where the risk of natural disasters is particularly prevalent. In order to increase the effectiveness of the cluster coordination, Sweden appeals to Member States to strengthen national and local capacity building in transition and de-activation processes of clusters. Sweden also appeals to Member States to innovate systems and technical means of communication, data collecting and monitoring to secure a stronger role for local responders and more aid and protection for marginalized populations. As the second biggest donor of CERF, Sweden urges Member States to provide more financial assistance and sufficient resources in this regard to better achieve Sustainable Development Goals (SDG) 1 and SDG 2.

II. Preventing Violence and Discrimination Based on Sexual Orientation and Gender Identity

The Swedish Government is and will continue to be a strong advocate for rights of lesbian, gay, bisexual, transgender, and intersex (LGBTI) people. The *Universal Declaration of Human Rights and the International Covenant on Civil and Political Rights* were adopted by UN General Assembly to guarantee the individual rights of LGBTI people and protect them from violence and discrimination. Nowadays, many countries lack a friendly environment for LGBTI people. Among Member States, 76 countries have discriminatory laws that criminalize private, consensual same-sex relationships. According to A/HRC/19/41, from 2008 to 2011 there were 680 murders of transgender persons across 50 countries. Recognizing such situation, Sweden recognizes A/HRC/26/36/Add.1 and A/HRC/29/23, which provide legal recommendations for Member States to eliminate the discrimination and violence in order to improve protection of LGBTI people. In compliance with the aforementioned resolutions and the *EU Charter of Fundamental Rights*, Sweden's the *Instrument of Government* clearly points that no act of law or provision may imply unfavorable treatment of LGBTI persons to ensure judicial justice for them. Nevertheless, the situation in most countries is still severe. For many countries, quantifying homophobic and transphobic violence is complicated because they lack comprehensive systems for monitoring and reporting these incidents. The shortage of national laws and policies protecting LGBTI people leads to discrimination in this regard. To eliminate these barriers, Sweden has ratified all the related international treaties of this issue and has actively contributed to preventing violence and discrimination based on sexual orientations and gender identities (SOGI). At the international level, the Swedish Association for Sexuality Education (RFSU) supports a regional International Planned Parenthood Federation (IPPF) project to build cooperation between the member organizations of the LGBTI Network Alliance. At the regional level, Sweden endorses the *Recommendation CM/Rec* (2010) 5 of the Committee of Ministers, which includes comprehensive measures to promote the human rights of LGBTI persons in the Member States of the Council of Europe. Besides, Sweden is a sponsor of the Treaty on the Functioning of the European Union (TFEU), of which Articles 10 and 19 advocate equality and non-discrimination on the grounds of sexual orientation. At the domestic level, Sweden has mature legal systems and mechanisms, for instance, the *Equal Treatment of Students at Universities Act and the Act* (1999: 133) *on a Ban on Discrimination in Working Life because of Sexual Orientation*. Altogether, Sweden stresses the significance of proper legal documentations for LGBTI people and the importance of systems for data disaggregating, and monitoring, recording and reporting incidents of violence and discrimination. Aiming at protecting the human rights of LGBTI people and prevent discrimination, Sweden calls on Member States to place an emphasis on education and public awareness raising in the workplaces, health sectors and schools. Sweden appeals to the international society for more experience sharing so as to reach an international consensus on the proper approaches solving this issue under SDG 4, SDG 10, and the *Yogyakarta Principles*.

Ⅲ. Promoting Rights and Strengthening Protections for Older Persons

Sweden has committed to the protection of older persons' rights and development of older persons' care since the adoption of the *Political Declaration and Madrid International Plan of Action on Ageing* (MIPAA) in 2002. According to the World Population Ageing 2015 Report, many older persons still suffer from widespread ageism, abuse and poverty especially in low to middle income countries. Fortunately, the statistics from the statistical office of the European Union show that the number of old people in good health of Sweden ranks the first in Europe and Sweden has very few poor elderly people compared with the other countries of Organization for Economic Co-operation and Development (OECD). Sweden ratified *the Convention No. 128 concerning Invalidity, Old-Age and Survivors' Benefits* in 1968 to develop national social security measures and strengthen protections for older persons. Based on A/HRC/14/31, Sweden recognized the advantages of universal non-contributory pensions in reducing older persons' poverty and preventing corruption and manipulation in the selection of beneficiaries. Though with achievements, barriers still remain. First of all, gender disparities cause a double burden of discrimination against older women. Additionally, developing countries have age barriers in the formal labor market, as well as low coverage of formal pension systems and a health cost burden, meanwhile developed countries have insufficient staff and lack enough places in specialized accommodation. In response to the conditions mentioned above, Sweden incorporates sustainable development into addressing the concerns and needs of older persons. Internationally, Sweden cooperates with the World Health Organization (WHO) through the Regional Office for Europe to prevent older maltreatment and promote long-term care. Moreover, Sweden advocates the *International Labor Organization's Country Reviews of Employment* to prevent discrimination of older persons in the work place. Sweden encourages Open-ended Working Group to further discuss how to empower older persons to become active and integrated actors in societies. Regionally, Sweden supports the European Commission's Silver Economy and its relevant policy initiatives, e. g., the European Innovation Partnership on Active and Healthy Ageing (EIP on AHA), which offers economic opportunities to satisfy the specific needs of population over 50 and encourages employment of older persons. Nationally, in order to advance the social and economic inclusion of older persons, the Swedish Work Environment Authority produces pilot studies to ensure a good working environment and facilitate a longer working life. To prevent discrimination, laws promoting goal-oriented work, regarding age in the workplace or in education, were brought into force on 1 January 2017 by the Swedish government and the National Institute for the Study of Ageing and Later Life focuses on the development of non-discriminatory images of older persons through awareness raising programs. All in all, Sweden affirms that existing frameworks and systems have to be improved in this respect. Sweden calls on developing countries to expand non-contributory pension programmes and set up more study associations and folk high schools for older persons. Sweden appeals to developed countries to provide more training and awareness raising activities for government workers and local communities. Sweden advocates more cooperation and dialogue between countries to implement SDG 2 and SDG11 in Member States under MIPAA.

▶ 立场文件的行文解析

Delegation from	***Represented by***
The Kingdom of Sweden	Northwestern Polytechnical University

这是立场文件的第一部分"文头",写明代表的国家、所属的学校名称。

> ***Position Paper for the General Assembly Third Committee***
>
> The topics before the General Assembly Third Committee are: Improving Coordination in Humanitarian Response to Natural Disasters and Other Emergencies, Preventing Violence and Discrimination Based on Sexual Orientation and Gender Identity and Promoting Rights and Strengthening Protections for Older Persons. The Kingdom of Sweden firmly believes that a consensus on human rights protection, effective coordination, and the perfection of systems and laws will make active contribution to international humanitarian and social development.

这是立场文件的第二部分"首段",它包含委员会名称、三个议题的表述,以及提要。在这部分,提要是最重要的,提要必须是非常简洁的陈述,不超过两三句话,但是这几句话要高度概括全部立场文件的重点内容。例如,"The Kingdom of Sweden firmly believes that a consensus on human rights protection, effective coordination, and the perfection of systems and laws will make active contribution to international humanitarian and social development." 这句话中, "human rights protection, effective coordination, and the perfection of systems and laws" 是立场文件中要采取的主要措施。这三方面写在这里,意味着在后面三个议题的陈述中必然会有所对应,而且要重点论述,这不是随意写的。而"international humanitarian and social development"是所有措施的目标,这个在后续陈述中也要有所对应,并且是鲜明的立场和呼吁的总目标。短短的一句话,浓缩的是精华。如果相关措施写在这里,而在后面的陈述中没有体现,就是一篇失败的立场文件。

Ⅰ. Improving Coordination in Humanitarian Response to Natural Disasters and Other Emergencies

The Kingdom of Sweden has always highly valued the importance of coordination in humanitarian response to natural disasters and man-made crisis. Following the Humanitarian Response Review, the Office for the Coordination of Humanitarian Affairs (OCHA) has adopted the cluster approach to improve humanitarian response. On the other hand, an enormous number of people have lost their lives, property and homes in natural disasters, especially in developing countries. To address the issues, Sweden keeps consistent with A/RES/46/182, which guides Member States to make collective efforts in providing humanitarian assistance. Based on A/RES/69/243 and A/RES/70/107, Sweden acknowledges the leading role of the OCHA in international humanitarian matters and supports OCHA's actions. However, there are still challenges in improving humanitarian response effectiveness because of the endurance and complexity of humanitarian crises. Clusters, which play a very crucial role in humanitarian assistance, lack shared leadership, constant commitments for participation and monitoring, and the cluster meetings are often inefficient. A stronger role for local responders and more attention to marginalized groups are still needed. Meanwhile, the lack of funding in this regard is a serious problem as well. Faced with such situations, Sweden shows deep engagement in humanitarian matters. Internationally, Sweden participates in the World Bank Global Facility for Disaster Reduction and Recovery (GFDRR) to support the Sendai Framework. Sweden provides assistance of Information and Communications Technology (ICT) for Vanuatu and Malawi to ensure the information sharing and communication of humanitarian institutions in extreme disasters. Furthermore, Sweden has committed to providing $23.4 million for the Central Emergency Response Fund (CERF) to assist the world's most vulnerable children and women, which contributes to ensure the assistance for marginalized population and adequate funding. Sweden also encourages the Humanitarian Coordinator and Advisory Board to cooperate with OCHA, Inter-Agency Standing Committee (IASC), NGOs, recipient countries and donors to identify the demands for humanitarian assistance and allocate resources accordingly. Regionally, Sweden leads the European Forum for Disaster Risk Reduction and coordinates various EU Member States' national platforms for humanitarian issues in Europe through the Swedish Civil Contingencies Agency (Swedish: MSB) and the European Commission Humanitarian Aid Office (ECHO). Nationally, Sweden emphasizes the importance of tackling the underlying disaster risk and strengthens the early warning system and disaster preparedness in accordance with the Sendai Framework for Disaster Risk Reduction 2015 – 2030. The government has earmarked SEK 43 million ($5.06 million) per year for preventive measures for existing developed areas, where the risk of natural disasters is particularly prevalent. In order to increase the effectiveness of the cluster coordination, Sweden appeals to Member States to strengthen national and local capacity building in transition and de-activation processes of clusters. Sweden also appeals to Member States to innovate systems and technical means of communication, data collecting and monitoring to secure a stronger role for local responders and more aid and protection for marginalized populations. As the second biggest donor of CERF, Sweden urges Member States to provide more financial assistance and sufficient resources in this regard to better achieve Sustainable Development Goals (SDG) 1 and SDG 2.

这部分是议题标题及叙述主体。三个议题的要求相同,分别进行叙述。以第一个议题为例,分析其叙述的逻辑层次。

The Kingdom of Sweden has always highly valued the importance of ***coordination in humanitarian response*** (重点词点明措施:全球合作来实施人道主义救援) to natural disasters and man-made crisis. Following the ***Humanitarian Response Review*** (措施依据), the ***Office for the Coordination of Humanitarian Affairs (OCHA) has adopted*** (具体措施) the cluster approach to improve humanitarian response. ***On the other hand*** (转折点:点明问题所在), an enormous number of people have lost their lives, property and homes in natural disasters, especially in developing countries (铺垫采取的措施). ***To address the issues*** (接上述问题,构成关联), Sweden keeps consistent with A/RES/46/182, which guides Member States to make collective efforts in providing humanitarian assistance. Based on A/RES/69/243 and A/RES/70/107, Sweden acknowledges the leading role of the OCHA in international humanitarian matters and supports OCHA's actions. ***However*** (再次转折,表明先期措施后,问题依然存在), there are still challenges in improving humanitarian response effectiveness ***because of the endurance and complexity of humanitarian crises*** (表明新的问题所在的要点). Clusters, which play a very crucial role in humanitarian assistance, lack shared leadership, constant commitments for participation and monitoring, and the cluster meetings are often inefficient. A stronger role for local responders and more attention to marginalized groups are still needed. ***Meanwhile, the lack of funding in this regard is a serious problem as well*** (陈述具体问题以引出后续的主张). Faced with such situations, Sweden shows deep engagement in humanitarian matters. ***Internationally***, Sweden participates in the World Bank Global Facility for Disaster Risk Reduction and Recovery (GFDRR) to support the Sendai

Framework. Sweden provides assistance of Information and Communications Technology (ICT) for Vanuatu and Malawi to ensure the information sharing and communication of humanitarian institutions in extreme disasters. Furthermore, Sweden has committed to providing $23.4 million for the Central Emergency Response Fund (CERF) to assist the world's most vulnerable children and women, which contributes to ensure the assistance for marginalized population and adequate funding. Sweden also encourages the Humanitarian Coordinator and Advisory Board to cooperate with OCHA, Inter-Agency Standing Committee (IASC), NGOs, recipient countries and donors to identify the demands for humanitarian assistance and allocate resources accordingly. ***Regionally***, Sweden leads the European Forum for Disaster Risk Reduction and coordinates various EU Member States' national platforms for humanitarian issues in Europe through the Swedish Civil Contingencies Agency (MSB) and the European Commission's Humanitarian Aid and Civil Protection department (ECHO). ***Nationally***, Sweden emphasizes the importance of tackling the underlying disaster risk and strengthens the early warning system and disaster preparedness in accordance with the Sendai Framework for Disaster Risk Reduction 2015 – 2030. The government has earmarked SEK 43 million ($5.06 million) per year for preventive measures for existing developed areas, where the risk of natural disasters is particularly prevalent (这段陈述以国际、区域、国家为层次构成逻辑关联，并提供具体数据和条款，论述充分，接续的是立场主张及呼吁). In order to increase the effectiveness of the cluster ***coordination*** （关键词）, Sweden appeals to Member States to strengthen national and local capacity building in transition and de-activation processes of clusters. Sweden also appeals to Member States to innovate systems and technical means of communication, data collecting and monitoring to secure a stronger role for local responders and more aid and protection for marginalized populations. As the second biggest donor of CERF, Sweden urges Member States to provide more financial assistance and sufficient resources in this regard to better achieve Sustainable Development Goals (SDG) 1 and SDG 2.

这是一篇逻辑层次清晰，语言简练，重点突出，引证据实的立场文件。

2. 写作要领

无论会议立场文件的要求有什么不同，在阅读大量资料获得有效信息后，进一步分析、整合以完成立场文件的基本思路大致如下：

（1）按照板块整合资料，板块如下：

问题的所在：危害、危险、恶性发展趋势等。

解决问题的措施：决议、条款、法律、项目、会议等。

依然存在的问题：遗留未解的问题、新的问题、受阻的原因、瓶颈点等。

进一步解决问题的措施：决议、条款、法律、项目、会议等。

发出的呼吁及倡议：签订条约、恪守条款、采取行动等。

（2）按照不同的层面整理每一板块资料，层面如下：

国际层面：联合国、国际组织等。

区域层面：欧盟、非洲联盟、北约等，重点为本国所在区域的联盟。

国家层面：本国。

（3）精选并重组重点信息，条分缕析，按照立场文件架构，构建篇章框架。

（4）依据立场文件要素的要求，确保叙述充分，有数据，有史实，有依据。

（5）逐一修饰立场文件框架的每一个板块，高度概括，提炼语句，细化每一句群的逻辑关联，细琢每一语句表达的准确性和效力，讲求选词造句在语境意义、概念意义上的精准。

(三) 工作文件与决议案

模拟联合国大会全过程共有四个文件要完成,如图64所示。会前深入调研后,完成第一个文件——立场文件的写作。这时,与会代表应该对议题有了较为全面的理解,能够客观把握国际形势,熟悉所代表国家的立场与措施,至此,会前的准备工作告一段落。上会后,代表们通过上台演讲、休会协商来阐述主张、展开谈判、做出妥协,以达成共识,完成工作文件(Working Paper)、决议草案(Draft Resolution),最终完成决议案(Resolution)的写作。而工作文件和决议草案都是为最终的决议案作准备的。

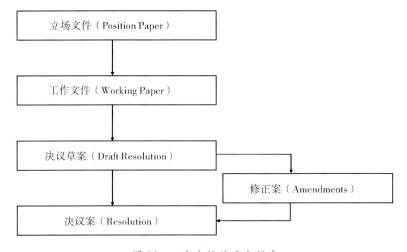

图64 四个文件的产生顺序

1. 工作文件的撰写

上会时,代表们已经形成了对议题的基本解决方案,包括问题所在及针对问题的逐条措施。这些基本解决方案就是工作文件的雏形,是代表们上会的重要依据,也可以说是代表们上会的"底气"。但是这些并没有最后确定,仅是所代表国一厢情愿的可能的解决方案,因为大会进程中还会发生很多变数。代表们需要在大会的发言和协商中，通过记录众位代表的讨论结果，并结合自己的解决方案，再通过谈判妥协的碰撞，最终完成一系列具体措施的汇总。待一切清晰确定后，解决方案就可以升级为一份正式的工作文件。

工作文件的写作要求：

（1）定位明确。一个条目应属于某个特定的类别，不属于该类别的条目不应加入工作文件的该部分。这需要代表们了解该措施属于哪类问题范围，属于哪个类别或者属于哪个子议题。

（2）目的明确。一个条目具体起到何种作用（积极、消极、中立或潜在的积极等），产生哪些实际意义，这均是能够说服其他代表赞同该项措施不可或缺的重要依据。这需要代表了解该措施的来龙去脉和可能带来的后果。

（3）来源明确。一个条目需要由相应的国家或组织实体等来负责，这需要代表明确该措施属于哪些对象（行为主体）的行为范畴，如与贸易相关的措施更应由世界贸易组织来负责，而不是单纯由欧盟来负责。

（4）描述精准。一个条目需要由清晰而连贯的语句组成，而不是冗长的解释型语句。这需要代表们用凝练的语句来清楚表达所拟定的措施。

这同时也可以作为对工作文件实质条款的评判标准。由此可见，需要通过对已有解决方案的充分了解与合适的转换方式来完成工作文件的撰写。在为工作文件搭建一个整体框架之前，有必要了解方案中的具体行为和工作文件当中具体的实质性条款之间的对应关系，以及实质性条款体现出的解决方案的实质的必要形式。

以基础设施建设为例，表3简述了在撰写工作文件时的注意事项。

表3 以基础设施建设为例的工作文件书写注意事项

子议题	解决方案中拟定的措施	工作文件中对应的条目
以基础设施建设为例	需要明确基础设施建立的目标和规范	在发展交通基础设施当中贯彻如下主要原则……
	根据评估结果确定援助的金额，同时要求被资助国家提供基础设施建设进度的报告	为了推动基础设施建设发展进程，确定成员国的责任并同时形成共同的基础设施地区研究报告，具体包括……
	从交通政策上达到一体化，建立公共交通政策	推动成员国接受地区性的，尤其是非洲国与国之间的交通基础设施标准，这包括一系列的准则……

由表3可以看出，看似详尽的措施或思路在具体表达时仍需扩充许多具体内容，很多具体的任务、行为对象等需要被明确。也可以发现在对各种各样的措施按照子议题分类之后，整体目标会显得更加明确。

这意味着仅仅形成基本解决方案对于工作文件而言仍显不足。接下来需要代表们继续考虑的是解决方案当中的细节部分。细节部分应当落实到国家层面，包括应当做的实际事情，应负的责任及其原因，并对实际措施进行机构层次上的行为描述，而无须对事情本身做过多叙述。这可以作为把握工作文件内容深度的主要标准。最后，在此基础上，代表们应当继续通过查阅相关资料，更新和充实所需要的细节部分的内容。

假定现在选取一类特定的解决方案，对已有的解决方案做进一步的扩充，从而形成工作文件，可供参考的步骤如下：

（1）罗列所有的措施，如果数量较多则按照该问题的具体特征进行合并。

（2）按照上一部分当中的要求对解决方案做进一步扩充，包括：以措施当中的核心词汇作为关键词查阅国际或国内已有的类似措施，并选取有参考价值的具体内容；将有待解决的实际问题与参考内容进行对比，选取适应当前环境的部分内容进行调整；在内容上加入代表们自身对问题的理解，根据相应的规则适当添加内容。

（3）搭建工作文件基本框架，依托已有的或将要建立的组织、委员会等，选取责任对象。

（4）将解决方案按照优先顺序进行排列。

（5）为相应的措施补充保证其贯彻落实的具体实施办法，如资金来源、法律保障等。

（6）添加相应的序言性条款。

工作文件的撰写环节也是非常耗时且需要深入调研的。虽然看起来其核心是解决问题，只要提出即可完成。其实并不尽然，其中很多措施既要统筹规划，又要分门别类。

（1）措施及措施实施的保障。代表们在形成具体措施之后，还必须考虑如何保证其贯彻落实。这些一定会在会议的中后期被讨论，代表们必须"瞻前顾后"，对后者做好充分准备，对可能的各种补充条款非常熟悉，这才有助于在整个讨论过程当中产生积极的影响力，否则措施可能无效。

（2）措施分类的条理性。比如当前讨论的核心子议题为A，代表们不会轻易将一个子议题B的相关条款加入其中，即使这一措施确实会对子议题A带来积极影响。这是条理的重要性。又如信息的交换、共享和非政府组织、非营利组织，它们的参与不仅对于建立公共金融政策有积极作用，同时也对绿色能源的普及有良性影响。这就要求代表们对于各类措施能够灵活把握，但切忌生搬硬套。

（3）序言性条款。序言性条款有较为固定的句型、句式，易于把握，适时为这一部分内容作贡献，同样会对工作文件的形成有一定帮助。建议代表们可以对此做比较充分的准备。

（4）序言性条款与实质性条款的对应。一份更为完备的工作文件或决议草案应当是序言性条款与实质性条款有一定联系的，例如每一条序言性条款按顺序对应下面的每一条实质性条款就是一种较好的布局，而不是简单的条目堆砌。

完成了工作文件后，要按照决议案的格式要求写出解决方案及依据。而这时完成的决议案只能作为决议案草案，代表们会为决议草案找到足够的签署国（通常为参会国家的20%），然后提交主席团。主席会对提交的决议草案进行审核，有时会要求将相似的决议草案合并，这对代表们之间的合作是个极大的挑战，如何取舍而达到合二为一，谋求最大利益，如何在合作的过程中保有最大的话语权，又如何做到让步妥协，都是对智慧的考验。会议主席审核认可的决议草案，会得到一个编码（Code），此时成为正式决议草案（Draft Resolution），再经过进一步的讨论与修正案（Amendment）过程，就可进入投票环节，投票通过后，即是一份完整正式的决议案（Resolution）。

2. 决议案的构成

一份完整的决议案通常包括以下几部分：

（1）文案抬头（Heading）。

1）文案编码（Code）：通常由主席给出；

2）委员会与议题名称；

3）罗列起草国（Sponsors）与签署国（Signatories）。

（2）序言性条款（Preambular Clauses）。对过往行动的评价，往往包括以下内容：

1）对《联合国宪章》的援引，对过往联合国文件以及条约的引用；

2）对过往所采取措施的认可；

3）所采取措施的影响和重要意义。

（3）实质性条款（Operative Clauses），用以表达本决议希望采取的措施和策略。

3. 决议案的写作步骤

假设议题为"移民与发展的关系",子议题为人才流动。以下具体分析如何从工作文件的雏形推进到最终的决议案。

(1) 最初的措施简要列举如下:

1) 应为劳动集中型部门制定创造就业机会的政策,应当出于增加工作机会的需要来加强对发展中国家的投资。

2) 需要协调一致的移民管理,有效的区域一体化建设是很有利的因素。

3) 需要新的政策以适合地区间的人口流动限制。

4) 作为实行管理的基础,相关部门需要了解对于人口输出国和输入国的可得利益和潜在的危害。

5) 加强人口输出国和输入国之间的劳工流动管理。

6) 建立全面的移民管理署,保证比较充分的信息共享和交换。

7) 应该更多地向劳动密集型产业倾斜,以提供更多的就业机会。

8) 其他零散措施。

(2) 从以上解决方案可以看出,第1条和第3条均为期待建立某种政策,可以合并在一起。第2条为移民管理的措施,第4条为相应的基础,第5条为管理的加强措施,第6条为全面移民管理署的建立与加强,因此第2条、第4条和第5条应并入第6条,作为细节条目。第7条为独立的一部分。第8条为补充项。

因此以上解决方案进行如下转化:

1) 需要新的政策以:

·适合地区间的人口流动限制;

·为劳动集中型部门创造就业机会;

·出于增加工作机会的需要来加强对发展中国家的投资。

2) 建立全面的移民管理署以:

- 直接加强人口输出国和输入国之间的劳工流动管理；
- 协调一致移民管理，同时配合有效的区域一体化建设；
- 相关部门需要了解对于人口输出国和输入国的可得利益和潜在的危害，以进行合理规划；
- 保证比较充分的信息共享和交换。

3）应该更多地倾向于劳动密集型产业，以提供就业机会。

（3）基于以上要求进行扩充，选取"非洲移民管理署"与"非洲移民政策"作为关键词进行检索，获得以下相关信息：

- 非洲地方经济共同体范围内已经存在……
- 联合国非洲经济委员会曾有组织成功的移民管理计划，如……以及成熟的信息共享机制，包括……
- 某报告指出，政府需要提升以下方面的能力……

进一步分析综合后拟定的策略如下：

- 可以对外国直接投资进行调整，以在一定程度上改变产业结构；
- 可以使得地区经济共同体、非洲联盟、联合国非洲经济委员会之间在一定程度上加强相互之间的联系。

考虑到两个主要观点——移民管理署和移民政策，按下列条目搭建基本框架：

- 移民管理署；
- 移民政策；
- 其余并列条目。

（4）按照要求填充正文如下：

1）建议在人口输入国和输出国之间建立起相互的劳工流动管理局，负责对两国间的劳工、知识分子和受教育者的流动进行合理的安排和控制，推动国家和地区间的协调和统一。

- 在地方经济共同体区域范围内，通过劳工管理特别工作组有针对性地向政府提出合理的建议，以使之了解对于人口输出国和输入国的可得利益和潜在的危害；

·与联合国非洲经济委员会和非洲联盟进行合作，以保证比较充分的信息共享和交换。

2）建议各国政府提高重视程度，出台动态移民政策，保证人才回流和吸引人才的流入，主要包括以下内容：

·为受教育者、知识分子、高级技工提供充分的优惠待遇；

·提供可行的工作岗位；

·提供与商业公司的联系；

·对其离开国境的时间加以限制；

·与他们签订相关的协议。

3）建议政府部门对外国直接投资进行选择性干预，以促进其更多地投向劳动密集型产业，以利用富足的劳动力，提供相当充足的就业机会。

4）其余类似条目。

（5）添加保证其贯彻落实的条目如下：

1）建议政府部门在工农业规划方面做出相应的调整以适合特定的环境。

2）建议政府加大对教育的投资，全面提高教育水平，培养更多的人才，并创造与之相称的机遇和环境。

（6）补充序言性条款简要如下：

1）考虑到现有的产业结构较为单一，无法保证足够的就业机会，影响国家的全面发展。

2）考虑到现有的政府部门并没有在这一方面尽到充分的责任和义务，并且在管理方面存在着较大的欠缺。

最终形成的形式化全文如下：

考虑到现有的产业结构较为单一,无法保证足够的就业机会,影响国家的全面发展。

考虑到现有的政府部门并没有在这一方面尽到充分的责任和义务,并且在管理方面存在着较大的欠缺。

……

1. 建议在人口输入国和输出国之间建立起相互的劳工流动管理局,对两国间的劳工、知识分子和受教育者的流动进行合理的安排和控制负有专门的责任,推动国家和地区间的协调和统一,具体包括:

(a) 在地方经济共同体区域范围内,通过劳工管理特别工作组有针对性地向政府提出合理的建议,以使之了解对于人口输出国和输入国的可得利益和潜在的危害;

(b) 与联合国非洲经济委员会和非洲联盟进行合作,以保证比较充分的信息共享和交换。

2. 建议各国政府提高重视程度,出台动态移民政策来保证人才回流和吸引人才的流入,主要包括:

(a) 为受教育者、知识分子、高级技工提供充分的优惠待遇;

(b) 提供可行的工作岗位;

……

3. 建议政府部门对外国直接投资进行选择性干预,以促进其更多地投向劳动密集型产业,以利用富足的劳动力,提供相当充足的就业机会。

4. 建议政府部门在工农业规划方面做出相应的调整以适合特定的环境。

5. 建议政府加大对教育的投资,全面提高教育水平,培养更多的人才,并创造与之相适应的机遇和环境。

……

上述的写作步骤和内容只是一个简单的例子,所涉及的内容和范围与实际相比,还是远远不够的,代表们需要进一步阅读各类会议上最终通过的决议案以便有更深的体会。

在模拟联合国会议中,因为委员会的不同,会议成果的形式也不尽相同。有的会议不需要写决议案,而是以会议报告(Report)或其他形式呈现成果。这与本书中提到的决议案的写作过程大同小异,此处不再赘述。

4. 修正案的写作

在决议案最终走向投票环节之前,还有一个修改的环节。修正案(Amendment)是在决议草案的基础上提出的对条款的增加、修改、删减意见，分为友好修正案（Friendly Amendment）和非友好修正案（Unfriendly Amendment）。修正案格式与草案条款格式基本一致，在修正案抬头中必须列出修正案提出国和起草国的署名，20%国家的署名。在修正案的第一行往往要提出对决议的某个条款的修改，其编号也需要与对应的决议草案保持一致，一份修正案可以就一项条款或多项条款进行修正。

友好修正案和非友好修正案的区别很大，对会议进程的影响也不同。友好修正案可以由任何国家提出，但是它的提出是经过所有起草国同意并签署的修改意见。在主席团批准后，自动录入对应的决议草案中，即可完成修改。当提出的修正意见得不到所欲起草国同意签署时，如果提出方坚持，就是非友好修正案了。

非友好修正案也可以由任何国家提出，但是它的条款无法得到所有起草国的同意，此时必须获得20%与会国家的签署同意才能呈交给主席团。在主席团批准后，还需经过动议来引入议程，并且必须以2/3多数通过来决定是否纳入决议案。遇到非友好修正案时，会议在进程上需要更多时间，还需要更多的谈判以达成共识。

经过了修正案环节，决议案进入投票阶段，就是大会的尾声了。

四、模拟联合国会议演讲

（一）演讲简介

演讲是带着清晰的目的、经过艺术的设计、有针对性地对听众传达信息并影响及说服听众的行为。演讲通常可以分为四类：①照读式演讲：也就是演讲时对着演讲稿朗读；②背诵式演讲：在演讲前写好演讲稿并反复背诵熟练后进行的演讲；③提纲式演讲：列好提纲，在演讲时根据提纲，按照腹稿即兴发挥的演讲；④即兴演讲：不做任何准备，当场决定演讲内容的演讲。

演讲的风格虽然因人而异,但通常有两大类:一类是情感演讲,即注重传递感情和移情,一般采用慷慨激昂的演讲风格;另一类是说理演讲,即注重传达事实和思考,一般采用庄重、严肃的演讲风格。前者,演讲者一般语调高昂、情感充沛,并配有大量肢体语言,语言更加生活化。而后者,则语调平稳,情感收敛,用语正式,少有肢体语言。第二种演讲风格是国际会议,尤其是联合国会议所使用的演讲风格,模拟联合国会议也采用这种说理型演讲风格。

按照模拟联合国会议的议事规则,会议中的演讲分为两种。一是会议一开始就会有的演讲(Formal Speech),二是会议进程中在休会协商环节发生的有组织讨论(Moderated Caucus)。两种演讲进程不同、形式不同,但本质并无多大差异,体现着一样的演讲要素。

演讲,无论哪一种,在模拟联合国会议中都发挥着至关重要的作用。首先,演讲是向全体代表传达自己所代表国家的立场,希望求得合作的最直接、最高效的方式。一般来说,除了像安理会(Security Council,SC)这样的小会场外,一般会场代表人数均在50人以上,在纽约模拟联合国会议(NMUN-NY)的GA会场甚至会有200~300人。在这种规模下,通过磋商来传达本国立场以及所期望的合作方向是不现实的。因此,演讲是否成功,是否足够吸引其他代表的注意力,则成为自己所代表国立场能否被有效传达,能否吸引更多盟友的关键。其次,演讲是将bloc[①]的成果展现给会场并寻求支持的有效途径。在会场上,尤其是在人数很多的大会场上,bloc之间的信息交流一般通过"桥梁"国家进行。然而"桥梁"国家很难覆盖到所有bloc。虽然可以通过多个"桥梁"国家尽量覆盖整个会场,但这种情况有时不太可能实现。演讲,便成为与其他bloc沟通的重要桥梁。演讲有难度,更要把握好要素。

---

① bloc:立场相似或接近的国家结盟组成一个集团。

(二) 演讲的内容

内容是演讲的核心。一个经过精心设计的演讲内容可以准确传达信息并成功吸引听众的注意力。模拟联合国会议的演讲也是如此。下面将分别介绍正式演讲与有组织磋商内容的选择与准备。

1. 正式演讲

如前面所述，正式演讲的作用是向全会场传达自己所代表国家的立场及与其他 bloc 进行沟通。因此，演讲内容中最需要突出的一点为本国的立场或本 bloc 正在讨论的方向。而根据会议进程的推进，演讲内容也会发生变化。以下是会议进程各阶段的演讲内容。

(1) 会议议题顺序确定阶段。确定议题顺序通常是大会点名之后的第一个议程，这个阶段一般主席会指定 5 个左右的演讲国家。这个阶段演讲的主要目的为表明本国在议题顺序上的立场并说服在场的代表支持这一立场。所以，演讲的内容主要以本国期望的讨论顺序以及期望这样讨论顺序的原因。由于要争取其他代表的支持，在讲述原因时要着重阐述优先解决对于绝大多数国家的有利点。较好的策略是可以首先取得本国盟友或所在区域国家的支持，因为这些国家通常与本国有着相似的诉求，例如德国可以利用其在欧盟的影响力，美国可以利用其在北约的影响力等。

(2) 第一轮演讲。第一轮演讲是指在 bloc 完全形成前的演讲。这一轮演讲的主要内容为本国在此议题上的立场。根据议题及个人风格的不同，演讲内容的组织方式也多种多样。一种较为通用的组织结构为：由议题背景切入，然后直接点明本国的基本立场，之后可以阐述本国所期望的合作方向以吸引会场上的盟友，最后总结陈述，呼吁合作，以便形成 bloc。在类似 GA 下属的各个委员会，由于代表人数较多，很可能自己的第一次演讲在 Speakers' List 上较为靠后。在这种情况下，代表们不可一味坚持按照第一轮的内容进行准备，而应该随机应变，将本国立场与 bloc 讨论的进展结合起来。这样既可以让更多国家了解本国的立场，又可以为

bloc 进行宣传。

（3）第二轮演讲。从第二轮演讲开始，由于 bloc 已经基本成型，故演讲内容应主要围绕会议讨论的内容进行，包括 bloc 正在讨论的方向，对其他 bloc 正在讨论的方向和看法，工作文件（Working Paper）（本 bloc 及其他 bloc 的）及其修正案（Amendment）。在安理会、预防犯罪与刑事判决委员会（CCPCJ）、联合国人权委员会（UNHRC）等较小的委员会中，由于人数较少，可以进行更多轮演讲。这时，每次的演讲应该更多关注较为细节的问题，例如现在本 bloc 的成员与正在讨论的可能方案，与其他 bloc 交流合作的情况等。而在 GA 等较大会场中，由于每次演讲机会难得，故演讲前的非正式磋商阶段应和 bloc 各成员商讨演讲内容，以便达到最好的效果。

如前面所述，模拟联合国会场的形势千变万化，需要随时根据现场情况调整演讲内容，因此会前准备的演讲稿很难适应会场的变化。鉴于完全的即兴演讲难度较大，提纲式演讲成了在会场上更好的选择。由于提纲可更改的灵活度很高，又可以避免即兴演讲忘记要说的内容，故其可以很好地适应会场形势的变化，使得在演讲中可以针对现在的状况进行阐述。在 2009 NMUN-DC 会议上，西北工业大学代表在联合国环境规划署（United Nations Environment Programme，UNEP）上代表加拿大，讨论的议题为 "Water in a Changing World: The Need for Urgent Action"。当时准备的解决方案为旨在加强 UNEP 执行能力的框架结构以及在水资源方面成立类似于碳排放交易体系的水资源配额交易制度。当时正处于会议初期，还没有休会进行自由讨论并且没有在演讲中提出相似的解决方案。在加拿大前一个演讲的国家是突尼斯。突尼斯代表在演讲中提出国际社会实际需要的是一套旨在加强 UNEP 执行能力的框架。因此，加拿大代表在突尼斯代表进行演讲的这一分半时间里临时更改了演讲提纲，将演讲内容从原来提出这个框架改变为支持突尼斯提出的框架方案，提出水资源配额交易体系是此方案的一个可能执行点,表示希望在休会期间继续就这个问题与突尼斯代表进行讨论,同时呼吁更多国家参与讨论。在加拿大代表演讲后的休会期间,加拿大与突尼斯成功携手建立了一个 bloc,同时加拿大提出的框架议案也得到了另一个 bloc 的认可并被其使用。这个例子表明,演讲内容的随机应变使得演讲帮助代表们在会场上寻找盟友起到了重要的作用。

2. 有组织磋商

有组织磋商是指由代表指定讨论主题、确定发言总时间以及发言国家数量的一种非正式性的演讲形式。有组织磋商和非正式磋商构成了会议中的非正式性演讲(Informal Speech)。参会代表想要做出一个高水平的有组织磋商演讲,不可避免地需要思考如下问题:①有组织磋商作为演讲的一种应该具备演讲的哪些特质?②有组织磋商作为非正式性演讲的一部分与正式演讲有什么区别?③针对有组织磋商的特性,在进行有组织磋商演讲时应该注意哪些方面?

既然有组织磋商也是演讲的一种形式,那么一个高水平的有组织磋商应该拥有高质量演讲所具备的特质,例如:演讲时使用口语化语言而非书面语,避免抽象晦涩的语言;演讲时要做到声音洪亮、吐字清晰,确保坐在会场最后一排的代表也能够清楚听到演讲内容;演讲时应重点突出,强调解决措施,弱化背景介绍;演讲时面部表情要自然,恰当使用肢体语言,与台下代表进行眼神交流;演讲者应注意自己的台风,自然大方地阐述自己的观点。

在讨论了有组织磋商应当具备的特质后,现在对有组织磋商和正式演讲进行对比,并针对有组织磋商的特性分析代表在进行有组织磋商时需注意的事项。首先,对参会代表而言,有组织磋商与正式演讲最大的不同莫过于:在参会之前,代表们可根据自己调研到的信息准备正式演讲的素材,甚至可以有针对性地写出多篇话题不同、结构完整的正式演讲稿;由于在参会之前无法确定有组织磋商的主题,代表需根据会场的实时情况和会议发展走向在非常有限的时间内临时准备出一篇有组织磋商演讲稿。其次，有组织磋商的发言时间较短。虽然我们在开头对有组织磋商进行描述时提到有组织磋商的发言时间是由提出此动议的代表决定，具有灵活性的特点，但是根据笔者个人参会的经验、多次主席经历以及与其他有多次主席经历的参与者的交流，我们发现参会代表在提出有组织磋商的动议时最常见的时间设置是发言总时间为 10 分钟，发言国家数目为 10 个。这样的时间设置意味着每位代表仅仅拥有 1 分钟时间进行演讲。此处需申明的是，为使此部分内容具有普适性，笔者下文对有组织磋商的分析都建立在上面所提及的最常见的发言设置情况下（其他情况需要代表们具体情况具体分析）。

  有组织磋商演讲题目的不确定性以及演讲时间的限制性则要求代表们必须在短时间内准备出一篇演讲稿。这对代表们的语言组织和表达能力、逻辑思维能力、对会场形势的观察与把控能力、对事物的归纳整合能力都有很高的要求。现在我们就如何准备有组织磋商和有组织磋商的内容设置进行分析。需要各位代表注意的是，我们这里提及的准备工作和内容整合都是建立在充分调研的基础之上的。如果我们将准备演讲和对内容的梳理过程比喻为烹调美食，那么各位代表调研的内容就是食材。没有新鲜丰富的食材，再厉害的厨师也无法烹饪出美味佳肴。这个道理对模拟联合国会议也同样适用。倘若代表们没有扎实的调研为上会作支撑，那么一切都会变成纸上谈兵，失去现实意义。谈到有组织磋商演讲，代表们一定要有很强的"时间意识"。这里的"时间意识"有两层含义，一层指代表们要意识到自己的准备时间很短；另一层指代表们需牢记在台上演讲的时间仅为 1 分钟。牢记时间的两层含义对代表们做出高水平的演讲有很强的指导意义。准备时间短，意味着试图打草稿写下完整的演讲内容是不现实的。因此，我们鼓励代表们在小卡片上罗列关键词而非完整长句以节省时间。我们对罗列的词语并无硬性要求，只要能够根据关键词恰当表达出自己的立场即可。演讲时间短意味着组织的内容更应切中要害、把握重点、逻辑缜密。在仅有的 1 分钟时间里，可以省略背景信息的介绍，直接讲述解决措施，因为对于有组织磋商而言，立场明确、演讲切题、内容翔实比文辞优美、语句华丽更有意义。演讲时，代表们应学会恰当使用逻辑连接词。这样做不仅能够帮助自己理清条理，有逻辑、有层次地阐明观点，也能帮助聆听发言的其他代表和主席清晰地理解演讲内容。

（三）演讲的技巧

除了演讲内容，一场好的演讲还需要一些技巧。使用这些技巧的主要目的是让演讲变得更好，以便吸引更多代表的关注。

1. 技巧一：注重与其他代表的眼神交流

演讲中的眼神交流至关重要。听众期望的是与演讲者有所互动，而不是演讲者站在台上自言自语。虽然在联合国议事场合无法使用诸如设问句等有着强烈互动的语句，但最基本的眼神交流是不可缺少的。除此之外，通过与听众的眼神交流，还可以获得听众对于演讲内容的反馈，以便及时调整演讲内容。

在做第一轮演讲时或者演讲内容没有涉及某个具体国家或 bloc 时，视线可以左右缓慢移动扫视全场，这样每个方向的代表都可以被照顾到。如果演讲内容在涉及某个国家或者 bloc 时，可以将视线固定在该国家或 bloc 所在的位置，以营造与其直接交流的氛围。

2. 技巧二：注意语速与语气的变化

与正常对话一样，演讲中可以通过语速与语气的变化表达强调、支持以及反对等。例如，需要强调某些观点的时候，可以放慢语速，加重语气。通过语气与语速的变化，可以使演讲听起来不那么沉闷，利于传达本国观点。

（四）演讲的训练

演讲的训练主要包括以下几个方面：列写提纲（包括快速列写提纲），

将提纲转化为演讲稿,演讲的仪态、眼神交流及语速语调。

列写提纲是保证演讲内容的关键。一般来说,提纲中出现的均是一些提示性语句,包括本国立场、期望合作的方向等。另外在提纲中,还可以列出一些不容易记住或者非常重要的数据,以免遗漏。

列写完提纲后,就需将提纲转化为演讲稿。在将提纲转化为演讲稿时,首要任务是将所有关键词组织成句,在语句间加入逻辑上的连接词,并且还要注意段落间的连接句。

由于有组织磋商对于提纲列写的要求比正式演讲要高,下面我们通过对两篇有组织磋商演讲稿进行具体的分析,帮助大家更好地理解如何列写提纲及将其转化为演讲稿。以下是来自西北工业大学模拟联合国团队的两名队员在团队日常训练时所做的有组织磋商演讲(文稿为队员录音转写而成)。

▶ 案例一(见图65)

Committe: The Group of Twenty

Topic: Global Financial Reform in the Post-crisis Era

Country: Australia

MC Topic: Analyzing the European Debt Problem; 60 sec; 10 countries

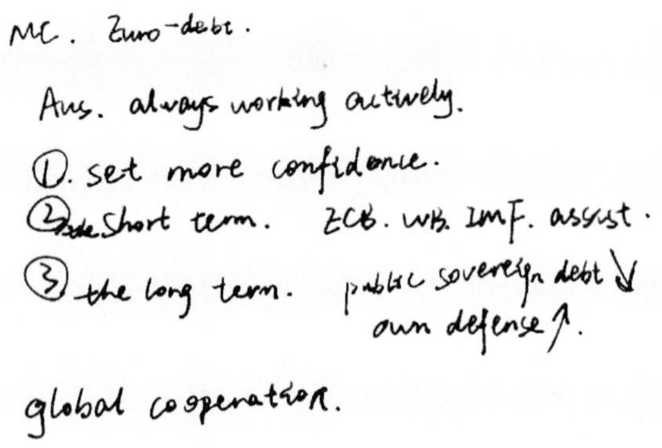

MC. Euro-debt.

Aus. always working actively.

① set more confidence.

② the short term. ECB. WB. IMF. assist.

③ the long term. public sovereign debt ↓ own defense ↑.

global cooperation.

图65 案例一的提纲示例

Honorable chairs and distinguished delegates,

This is the delegate of Australia. Australia has always been working actively, trying to solve the sovereign debt problem. Thus, we'd like to suggest 3 main points on this issue. First of all, we should set more confidence in solving the euro-zone debt crisis, as is the base for all other solutions. Secondly, in the short term, we call for the European Central Bank (ECB), World Bank (WB), and International Monetary Fund (IMF) to assist the countries which are facing the sovereign debt problem. Thirdly, in the long term, Australia encourages countries to reduce their public sovereign debt by putting up more money and taking other measures to strengthen their own defenses. Finally, we hope that all countries work together on this issue. Thank you! (130 words, 51 seconds)

案例一是该队员作为20国集团中的澳大利亚代表就欧洲债务问题发表的有组织磋商演讲。我们认为这是一篇水平较高的有组织磋商演讲稿。具体分析如下：①恰当使用国家名缩写、组织名称首字母缩写、箭头符号，使笔记简洁清晰，一目了然；②开头简单表明立场、主体措施翔实、结尾发出呼吁，整篇演讲结构井然、语气恰当；③正确使用逻辑连接词"首先，第二，第三，最后"，便于听众快速理解文稿逻辑；④全文共计130个单词，用时51秒，演讲字数合适、时间安排恰当。综上所述，此文稿是一篇质量上乘的有组织磋商演讲文稿。若代表在演讲时能够自如、恰当地运用其他演讲技巧，相信定能引起很好的效果。

▶ 案例二（见图66）

Committe: UNEP

Topic: Marine Environment Protection and Resource Explotations

Country: Iceland

MC Topic: Measures to Prevent Overfishing; 60 sec; 10 countries

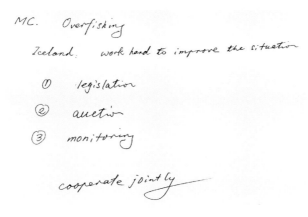

图 66 案例二的提纲示例

Honorable chairs and distinguished delegates,

This is the delegate of Iceland. The Individual Transferable Quota System shows many flaws. We notice the fact that Iceland is unable to make it right alone but we do would like to change the current situation.

We invite you to join the promotion of ITQs. Firstly, Member States may limit the maximum of quota by legislating, which has led to many undermining of the fishery. Next, it can be a better option to offer auction instead of apportion. Meanwhile, enhancing the monitoring on fishery is really important.

There are and there will be more measures as long as we cooperate jointly together. And we are open to any idea that solves the overfishing problem. Thank you. (121 words, 50 seconds)

案例二是队员作为联合国环境规划署的冰岛代表关于预防过度捕捞问题发表的有组织磋商演讲。这篇有组织磋商演讲稿的可取之处与案例一相似，读者可以尝试自己分析此演讲文稿的优点。需要注意的是，并不是说所有的演讲稿都要遵循统一的范式，但是我们确实可以从这两个例子中总结出一篇高质量的有组织磋商演讲稿的基本特征。

平时训练时，可以在一个议题下随机选取某一个方面，定时 1 分钟。

先列写提纲，之后立即按照提纲进行定时演讲。如果条件允许，可以将自己的演讲录音回放，注意听自己在演讲时的内容及段落连接上的问题，同时也可以注意自己的语速与语调。经过总结，即可再次寻找一个方向进行练习。

关于演讲仪态及肢体语言方面的训练，平时可以对着镜子进行练习。这种方法可以对自己的演讲姿态形成最直观的反馈。在演讲姿态练习后，站在模拟的讲台上，可以是教室或其他空旷的地方，想象台下是其他参会代表进行演讲。演讲时除了注意仪态方面外，还要配合一些肢体语言，比如手势等。我们推荐在进行这项练习时，可以找一些队友充当听众，协助找出演讲中的问题与不足。

就像人们永远不能仅通过菜谱便可以做出美味的菜肴一样，理论内容只是对于演讲训练的一个辅助，要想真正做好演讲，需要大量的练习及总结，最终形成自己的演讲风格。"他山之石，可以攻玉"，在不断地练习中，相信各位代表也会不断提高自己演讲内容的质量，增强演讲形式的吸引力，最终在会场上依靠演讲为所代表的国家增加更多的话语权。

五、模拟联合国会议的规则与流程

（一）规则与流程存在的原因

我们总会在提起"模拟联合国"这项活动的时候谈到学会沟通和妥协。我们总在外交辞令里听到一个词叫作"求同存异"。那是因为在联合国的世界里，无时无刻不进行着各方利益的权衡，从而找到一个"共赢"的最佳状态。这一点也体现在模拟联合国活动中的方方面面，而在涉及规则流程的时候则表现为：会议本身的畅所欲言与"有序、理性、高效、公正"之间的平衡。来参加会议的每一位代表对于议题都有着自己的观点，每个人都渴望表达，每个人都希望得到更多的机会"纵横捭阖"。但是模拟联合国会场不是熙熙攘攘的闹市，没有明确的规则的指引，会议将是一场无序、无效的混战，而关乎世界各国的国际政治领域也绝不是简单的讨价还价就能达成共识、形成决议的。鉴于此，一套具有明确、清晰的指引作用的规则流程，对于每一个模拟联合国会议都显得至关重要。

规则流程（Rules of Procedure），顾名思义，包含着规则和流程两个内容。从英文名称看，主体词应该是 Rules，即大会的规则，中心内容是流程中的规则。通常意义上说，会议都是人们出于对某种问题的诉求，聚在一起演说研讨，要达成共识、获得解决方案并约定执行的过程。联合国会议更是如此，利益与目的更加错综复杂，因此良好秩序与公平合理更为重要。简单说，流程是会议进程的顺序，是参会者共同制定、自愿遵守，体现着科学性和公平性的步骤，它本身也是一种规则。但是，这每一步骤的实施，又有着诸多的限定，以保障每一步骤的严谨性和公平性，这些限定就是规则。

（二）会议规则的来源：万法之源——"罗伯特议事规则"

关于会议规则，尤其是联合国会议规则，让我们来探析一下其本源。模拟联合国活动发源于美国哈佛大学，那么我们就不得不谈谈美国人对待"开会"的态度。研究过会议规则的人这样说过："美国能有今天，完全是靠开会开出来的。"这个会，指的自然是制宪会议。时间回到 1787 年，独立后的美国各个州之间利益冲突不断，松散的各自为政已经不能满足社会的需要，建立一个联邦制的政府迫在眉睫。这便是制宪会议召开的背景。我们可以想象的是，对于冲突不断的各个州来说，会场的气氛一定不会是一片祥和。这便对会议的规则流程提出了要求，如何设计出一套规则，可以让大家放下彼此的成见与怨气，平等而高效地讨论宪法内容。聪明的美国人在当时设计出了很多有意思的规则，比如说，矛盾双方的发言不能面向彼此，必须面向作为会议主席的乔治·华盛顿，规定每位代表的发言时间，等等。这些原则在后来都被延续了下来，直到 1876 年，美国人亨利·马丁·罗伯特撰写并出版了《议事规则袖珍手册》(*Pocket Manual of Rules of Order*) 一书，此书几经再版，至2011年已经出版了第11版。这本手册中确立的"罗伯特议事规则"可以说是包罗万象：有专门论述主持会议主席的规则，有针对会议秘书的规则，当然大量是有关与会者的规则，有针对不同意见的提出和表达的规则，有关辩论的规则，还有非常重要的、不同情况下的表决规则。

在美国，从参议院到联邦法院，随处可寻"罗伯特议事规则"的踪影，只是个别的地方会因自己特殊的需要做一些变通调整。而哈佛大学的模拟联合国活动也是从"罗伯特议事规则"之中吸取了适合的部分而形成的。因而当我们去了解模拟联合国这项活动的规则流程，抑或我们想要自己去设计一套规则的时候，首先不要忘记了万法之源。建议对模拟联合国活动感兴趣的读者在时间允许的情况下，能够对"罗伯特议事规则"进行更加深入的了解。你会发现其中蕴含的思想对于个人安排自己的时间与工作都会有很大的帮助。

（三）模拟联合国会议规则流程的解析

联合国会议采用"罗伯特议事规则"，主要是体现公平、合理的原则。模拟联合国会议议事规则来源于联大议事规则，各区域、各国家、各会议都会有自己的议事规则，都会在每一次办会前重审议事规则，如果需要也会做出微调以适应当次大会的需求。但是，无论怎样，所有的议事规则都大同小异。学习模拟联合国会议规则，第一是要透彻领悟其中的议事原则，原则中的每一环节在公平、合理上的体现，对这一精神的领悟，也会影响代表们在整个大会中的谈判和决策。第二是要在操作层面上，游刃有余地正确使用规则中的细则。这两点都是模拟联合国会议培训中的重要组成。

下面以《西北工业大学模拟联合国会议规则》（2016年版）为例，解析规则流程。

西北工业大学模拟联合国大会（以下简称"西工大模联大会"）是由西北工业大学模拟联合国团队主办的全国性模拟联合国会议，每年5月在古都西安召开。会议一直采用全美大学生模拟联合国会议（NMUN）的规则流程。2011年，西工大模联大会十周年时，大会秘书处结合西工大模联大会特点，综合全美大学生模拟联合国会议规则，完成了《西北工业大学模拟联合国会议规则》，后经过2012，2013，2014年大会以及2014年中日韩会议的试用与反馈，于2014年定为正式版本，沿用至今。在随后年度的会议中，由当届秘书处做出些许微调。

《西北工业大学模拟联合国会议规则》可分为六大部分：

（1）总则（General Provision）；

（2）工作语言（Working Language）；

（3）工人作员与参会代表（Staff and Participants）；

（4）会议细则（Conduct of Business）；

（5）动议清单（Motion List）；

（6）术语（Glossary）。

第一部分 总则

Ⅰ. General Provisions

1. The NPUMUN Rules of Procedure can be traced back to 2001, and the earliest formal version was established at 2002 Xi'an International MUN Conference sponsored by NPUMUN Team. Every year NPUMUN Team Academic Committee makes improvements on it for the better functioning of the conference committees. In 2011, at the 10th anniversary of NPUMUN Team, the Academic Committee of the year, revised and reset the framework for the present version of rules of procedure. This version was slightly revised at 2016 NPUMUN Conference.

西北工业大学模拟联合国（NPUMUN）的会议规则可追溯至2001年。

最早版本是在 2002 年"西安国际模拟联合国大会"上发布的，该会议由 NPUMUN 主办。为了使各委员会能够更好地运作，每年 NPUMUN 学术委员会都会对议事规则做出改进。2011 年，在 NPUMUN 团队成立 10 周年之际，时任的学术委员会修改并重制了议事规则的框架。这一版本在 2016 年 NPUMUN 会议上做了些许修订。

2. These rules should be seen as an essential reference for all delegates attending a NPUMUN conference. Generally, the Rules of Procedure are the same for every Committee. However, there are exceptions, such as for the Security Council, as well as for any report-writing or consensus-based Committees.

对于参加 NPUMUN 大会的所有代表来说，这些规则都应被视为重要参考。一般来说，每个委员会的议事规则都是相同的。但也有例外，如安理会以及其他以报告撰写或协商一致为基础的委员会。

3. Interpretation of the rules shall be reserved exclusively to the 2016 NPUMUN Director-General or his or her designate.

规则的最终解释权归属于 2016NPUMUN 会议的学术总监或其指定的学术负责人。

4. Such interpretation shall be in accordance with the philosophy and principles of NPUMUN Team and in furtherance of the educational mission of the Team.

其解释应符合 NPUMUN 团队所坚持的理念及原则，以期履行团队的教育使命。

5. At NPUMUN, all motions must relate to a specific rule in the Conference's rules of procedure. Those motions or points, which do not exist in the Rules of Procedure, would be recognized as being null and void.

在 NPUMUN 会议上，所有动议都必须与议事规则中的某一项具体规则相关。议事规则中不存在的动议或问题将被视为无效。

6. The Dais of each Committee reserves the right to rule motions out of order

when those motions may be considered disruptive to the Committee proceedings. The rules of procedure are intended to facilitate the efficient workings of the Committee, not to hinder them.

当某些动议被视为对委员会程序有所扰乱时,各委员会主席团有权否决不符合规则的动议。议事规则的目的是促进而非妨碍委员会的有效运作。

7. NPUMUN Conference Rules of Procedure, hereinafter, "the Rules", shall be the only rules which apply to all NPUMUN Committees, and shall be considered as adopted prior to the beginning of the conference.

NPUMUN 大会议事规则(以下简称"规则")是唯一适用于所有 NPUMUN 会议委员会的规则,并应在会议开始前就被视为通过。

第二部分　工作语言

Ⅱ. Working Language

English shall be the only official working language of the Committee during formal sessions (refer to Conference Schedule).

会议正式使用语言为英语。所有会议进程中唯有英语为正式使用语言。

第三部分　工作人员与参会代表

Ⅲ. Staff and Participants

Secretariat 大会秘书处

Rule 1

The Secretariat of the conference includes a Secretary-General and a group of Secretaries. The Secretariat is directly responsible for organizing and proceeding the conference.

Except academic group, all members of NPUMUN team who are involved in the conference are under the direction of the Secretariat.

大会秘书处由一名秘书长，若干名副秘书长组成，负责大会会务工作。所有参与大会筹备工作的西北工业大学模拟联合国团队队员接受秘书处直接领导。（负责学术工作的人员除外）

Secretary-General 大会秘书长

Rule 2

The Secretary-General is the chief executive for the conference within the Secretariat.

The responsibility and authority of the Secretary-General include the following aspects: making pre-conference preparations; addressing the body in opening and closing ceremony on behalf of the Secretariat and other staff; attending faculty advisor conferences and head delegate meetings; proposing academic suggestions to the academic group of the conference under the permission of the Director-General, including the amendment to the rules prior to the conference within the allowed time.

However, the Secretary-General does not hold voting and executive rights over academic issues.

大会秘书长是大会的总负责人，负责统筹会议前期的会务准备工作，在开幕式及闭幕式进行发言，出席教师领队会议，经委员会主席团允许，可在各委员会发布秘书长声明，向代表告知会务方面的相关信息。可列席会议前期的主席团培训，学术团队会议。经大会学术总监允许，可提出关于学术设置的建议，亦可行使本规则赋予的权利，在规定期限内组织秘书处提交《会议规则修正草案》。但对于任何与学术设置相关的问题，不享有任何投票权及决策权。

Director-General 大会学术总监

Rule 3

The Director-General shall have the authority described hereinafter in all sessions of all committees.

The Director-General has the responsibility to mandate Dais in each committee and is responsible for their training.

The interpretation of the Director-General for the CNR & NPUMUN Conference Rules shall prevail. The Director-General shall take the equality of treatment and the good functioning of the conference into consideration in the process of interpreting the rule.

The Director-General is entitled to answer questions and adopt measures not stated herein during conference if necessary.

学术总监是学术总负责人，负责任何与会议学术设置相关的问题，学术总监享有最终解释权，决策权。负责每个委员会主席团成员的选拔、培训。在会议期间，对主席团或代表提出的关于学术设置上的问题进行解释和回答。可根据实际需要，到各个委员会发布学术总监声明，告知代表关于学术设置上的相关信息。在会后组织召开学术反馈总结会。根据本规则赋予的权利，提交《会议规则修正草案》，审批由秘书处提交的《会议规则修正草案》等。

Directors 学术指导

Rule 4

There is one Director appointed for each committee. The Director is responsible for all academic decisions and conference proceeding within his/her committee. The Director, with his/her Chairs and Rapporteurs constitutes the Dais of the committee.

Directors are required with comprehensive understanding of committees and have sufficient experience of conference conducting.

With the assistance of the Chairs and Rapporteurs, Directors will lead the Dais to take the responsibilities of: producing the Background Guide for the committee;

reviewing submitted Position Papers; organizing scheduled or additional trainings for delegates of the committee.

The Director shall accept, print and distribute documents and resolutions of each committee.

The Director is responsible for the custody and proper preservation of the documents in the archives.

The Director is required to perform other necessary work for the good functioning of the conference.

每个委员会设一名学术指导,负责涉及该委员会议题的学术性问题。学术指导必须有海外参会经历,对其所在委员会的议题有充分了解。在主席及主席助理的协助下,完成其委员会背景资料的编写工作,立场文件的审阅工作,以及本委员会校内代表的培训工作。学术指导须对本委员会的主席及主席助理负责,确保其掌握了议题的相关内容,熟练掌握了会议规则。会议期间,学术指导负责工作文件、决议草案、修正案、指令草案等学术性文件的审批;原则上,学术指导不负责会议的主持工作。学术指导有权根据会场形势暂停会议,为全场代表进行议题内容的讲解或点评。会后,学术指导须组织本委员会主席团成员完成"会场情况反馈"并提交给大会学术总监。

Chairs 主席

Rule 5

Chairs shall declare opening and closing of each session of the committee, direct discussions, ensure the observance of the Rules, accord the right to speak, take questions and announce decisions. They shall rule on the points of order in accordance with the Rules, and they have complete control of the proceedings at any session and over the maintenance of order. Chairs may, in the course of the discussion of an item, remind the committee of the time limitation which is allowed to speakers, the limitation of the number of times each delegate may speak, the closure of speakers' list and the closure of the debate. They may also propose a suspension or adjournment of the meeting on the item under discussion. Chairs may advise delegates on substantive and procedural matters in order to ensure the good functioning of the committee.

大会主席负责宣布会议的开始与结束，引领会议的进程，确保规则的实施，保障发言的权利，负责解答问题并发布决议。主席应按照规则处理会议的程序性质疑，并全面掌控大会进程，维持大会秩序。在讨论某一议题环节时，主席可提醒委员会关注发言者的时间限制，每位代表发言次数的限制，发言者名单的关闭及会议演讲的结束。会议讨论中，主席有权提议会议暂停或结束。主席可就实质性和程序性问题向代表提供咨询，以确保委员会的良好运作。

Rapporteurs 主席助理

Rule 6

One or two Rapporteurs are appointed to each committee in consideration of its size.

Rapporteurs are responsible for the roll-calls, records, and vote counting during the conference. With the authorization of the Director of the committee, rapporteurs may host a session.

每个委员会根据委员会规模设 1~2 名主席助理。主席助理负责会议期间的点名、会议记录、投票计数等工作。根据主席的安排，可在某一段时间内负责会场的主持工作。

Delegates 代表

Rule 7

Each Member State in a committee shall be represented by two delegates. The delegates shall have speaking and voting rights in accordance with the committee setting.

All the delegates must conduct in accordance with the Rules and follow the direction of Director – General, Dais and Secretariat during the conference.

代表即为按规定完成了报名流程并支付了会费的参会人员。通常每个委员会的国家都有两名代表。代表在规则下拥有发言权及投票权。代表须服从大会秘书处的管理。有关学术的问题，须服从所在委员会主席团及大会学术总监的决定。

***Faculty Advisors* 指导教师**

***Rule* 8**

Faculty Advisors refer to the appointed teacher or team advisor for each participated delegation/team. Faculty advisors may observe non-voting sessions unless instructed otherwise. He/she may not interfere with the conduct of conference under any circumstance. During conferences, faculty advisors need to follow the arrangement of the Secretariat and the academic group.

指导教师指按规定完成了报名流程并支付了相关费用的带队教师，通常一个参会队最多配备两名指导教师（有时可以是学生）。经委员会主席允许，指导教师有权在委员会旁听，但不得干扰会议的正常进行。指导教师在会议上要服从秘书处及学术指导主席团的管理。

***Volunteers* 志愿者**

***Rule* 9**

Volunteers refer to the arranged assistants for the organizer during the conference. All volunteers need to be pre-registered by the Secretariat and must attend specific training. During conference, volunteers must perform their assigned duty and follow the arrangement of the Secretariat and Dais.

志愿者由大会秘书处招募并培训，进行了个人信息备案的会议辅助人员。其工作内容、时间、地点等接受大会秘书处安排。

Judges 评委教师

Rule 10

The NPUMUN Team faculty advisors will serve as judges during the conference. Judges may stay in a committee and observe the conducts of its fellow delegates. The review of the judge panel will be adopted into consideration for delegate e-valuation.

西北工业大学模拟联合国团队的指导教师是大会的评委教师,依据会议安排分坐在各个委员会,对于代表们的发言、磋商、文件写作水平等进行评判。评委教师的意见将作为主席团评奖时的参考依据之一。

第四部分　会议细则

Ⅳ. Conduct of Business

Quorum 法定人数

Rule 11

The Dais may declare a meeting open and permit debate to proceed when delegates of at least one-third of the members of the Committee are present.
The presence of a majority of the members shall be required for any decision to be taken.

当某委员会的实际出席人数不少于该委员会规定代表人数的三分之一时,主席团可以宣布会议的开始并允许进行辩论。代表人数的大多数出席是会议中做出任何决定的先决条件。

Precedence 优先权

Rule 12

The Dais of a Committee shall accord precedence for the purpose of explaining the conclusions arrived at by their Committee.

委员会主席团享有对会场中讨论结果的优先解释权。

***Statements by the Secretary-General* 秘书长声明**

Rule 13

The Secretary-General may declare the opening of 2016 NPUMUN.

The Secretary-General or his or her designate may at any time make either oral or written statements to a Committee concerning any question under consideration by it.

大会秘书长有权宣布大会的正式开始（例如宣布2016年第三届西北地区模拟联合国大会暨第十五届西工大模联大会开幕）。大会秘书长或其指定人员可随时向委员会就其正在审议的任何问题发表口头或书面声明。

***Voting Rights on Procedural Matters* 程序性投票**

Rule 14

Unless otherwise stated, all votes pertaining to the conduct of business shall require a favorable vote by the majority of the members in order to pass.

Every delegation must cast a vote on all procedural votes. There is no possibility to abstain or pass on procedural votes.

除非特别声明，否则所有的关于会议进程的投票都需要通过会场成员的多数支持才能通过。所有代表都必须在程序性投票环节中投票。在程序性投票环节中不接受弃权票或者跳过。

***Points* 程序性问题**

Rule 15

During the discussion of any matter, a delegate may rise to a point of order, and the Dais shall immediately decide it in accordance with the Rules.

在会场讨论任何问题期间，代表都可以随时提出程序性问题，同时大会主席需要立刻根据本议事规则进行解答和决定。

Rule 16

A delegate rising to a point of order may not speak on the substance of the matter under discussion.

提出程序性问题的代表不允许针对会议正在讨论的实质性内容提出疑问。

***Roll Call* 点名**

***Rule* 17**

The Dais may do the roll call at every beginning of the session and the voting procedure. The roll call will be taken in the English alphabetical order of the names of the members.

There are two voting status a country may choose during the roll call, "Present" or "Present and Voting".

Abstention is not allowed for those countries whose voting status is "Present and Voting" during the substantial voting.

For the purpose of these rules, the phase "members present and voting" means members casting an affirmative or negative vote. Members which abstain from the voting are considered as not vote.

大会主席团需要在每次会期开始及对决议草案投票开始之前进行国家点名。点名需要按照会场出席代表的国家英文首字母顺序进行。在点名期间，各个国家的投票状态有"出席"和"出席并投票"两种。

在实质性的决议案投票环节，投票状态为"出席并投票"的国家不允许对某一决议案投弃权票。

这条规则的目的是，"出席并投票的国家代表"将只能选择投出赞成票或反对票。在实质性投票环节弃权的国家代表视为不参与投票。

***Speeches* 演讲**

***Rule* 18**

No delegate may address the Committee without having previously obtained the permission of the Dais.

The Dais shall call upon speakers in the order in which they signify their desire to speak.

The Dais may call a speaker to order if his remarks are not relevant to the subject under discussion.

未经大会主席团许可,任何代表不能向委员会发言。大会主席需要按照代表提出发言的先后顺序请代表上台演讲。如果代表的演讲与正在讨论的议题无关,该委员会主席有权指出并纠正该代表的行为。

Rule 19

The default time of speakers' list is 90 seconds. A delegate may move motions to reset the time.

Before a decision of setting speakers' time is taken, two speakers may speak in favor of, and two against. They may have 30 seconds to state their reasons.

The Dais is authorized to reject a motion to reset the time of speakers' list with explanation for a good functioning of the conference.

When the debate is limited and a delegate exceeds his allotted time, the Dais shall call him to order without delay.

进行主发言名单演讲时,时间限制默认为 90 秒。代表可以提出动议来重新设定演讲时间。在接收设定演讲时间的决定前,两位代表可以发言支持这个动议,两位代表可以发言表示反对,每一位代表有 30 秒的时间来陈述他们的理由。主席团可以以保证会议正常进行的理由来拒绝代表提出的更改发言时间的动议。当发言时间有限且代表超出了他被允许的发言时间时,主席团应毫不迟疑地打断并终止发言。

Speakers' List 发言名单

Rule 20

Upon the discussion of the Committee's topic, the Dais will open a speakers' list and invite delegates to add their names to the list. A delegation cannot appear more than once on the list at any one time.

Once completing a speech, the delegation may request to be added to the speakers' list again.

A delegate may move a motion to close or reopen the speakers' list. This motion shall be decided by a simple majority vote of the Committee without debate.

When there are no more speakers on the list, the Dais shall declare the debate closed which result in the Committee moving immediately to voting procedure.

当开始讨论委员会的议题时，主席团会开启主发言名单并邀请代表加入。任何时候，一个代表都不能在主发言名单上重复出现。

当代表结束演讲后，代表可以要求再次加入主发言名单。

代表可以提出动议来关闭或重新开启主发言名单。这个动议由委员会经过简单多数投票决定，不需要进行正反方辩论。当名单上没有代表时，主席团应当宣布议题辩论结束，委员会将立刻进入投票程序。

***Moderated Caucus* 有主持核心磋商**

***Rule* 21**

During the discussion of any matter, a delegate may move a moderated caucus. The delegate must specify the topic, total time and the speakers' amount of it. Such motions shall not be debated, requiring the support of a simple majority vote by the Committee.

For the purpose of this rule, the Dais may suggest the delegate revise the topic of moderated caucus if it is too long or for any reason it may confuse the delegates. The Dais may suggest the delegate to extend or shorten the speakers' time for the better functioning of the Committee.

For the purpose of this rule, the Dais may reject the motion for moderated caucus if its topic is irrelevant to the Committee's discussions.

在讨论各类问题时，代表可以提出有组织磋商的动议。

代表应当详细说明磋商的主题，总时间和每位发言代表分配的发言时间。这样的动议不需要进行正反方辩论，由委员会经过简单多数投票决定。

为了保证委员会的高效运转，如果有主持磋商主题过长或是会使其他代表产生困惑，主席团可以建议代表修改题目。

为了保证会议更好地进行，主席团可以建议代表延长或缩短每位代表发言的时间。

类似地，如果有主持磋商的主题与委员会当前的讨论内容无关，主席团可以拒绝接受这个动议。

Suspension of the Meeting 休会

Rule 22

During the discussion of any matter, a delegate may move the suspension of the meeting, specifying a time for reconvening. Such motions shall not be debated, and require the support of a simple majority of the members present and voting to pass. Delegates should not state a purpose for the suspension.

The Dais may suggest a motion to suspension of the meeting to end a session of the Committee.

在会议讨论期间，代表可以提出一个具体时间明确的休会动议来暂停会议。此动议不需要程序性辩论，只需要在场代表的简单多数投票通过。代表也不需要对此动议阐释原因。

主席团也可以在一个会期末建议一个休会动议来结束此会期。

Adjournment of the Meeting 闭会

Rule 23

During the discussion of any matter, a delegate may move to the adjournment of the meeting. Such motions shall not be debated but shall be put to the vote immediately, requiring the support of a simple majority of the members present and voting to pass. After adjournment, the Committee shall reconvene at its next regularly scheduled meeting time.

在会议讨论期间，代表可以提出一个闭会动议来终止会议。此动议不需要程序性辩论，一旦被提出将立即处理，只需要在场代表的简单多数投票通过。在闭会之后，委员会需要根据下一次计划会议时间再次定期召开。

Closure of Debate 结束辩论

Rule 24

A delegate may at any time move the closure of debate on the item under discussion, whether or not any other delegate has signified his or her wish to speak. Permission to speak on the motion shall be accorded only to two delegates opposing the closure, after which the motion shall be put to the vote immediately.

Closure of debate shall require a two-thirds majority of the members present and voting.

If the Committee favors the closure of debate, the Dais shall declare the closure of the debate and the Committee shall immediately move to voting procedure.

代表可以在讨论中的任何时间提出终止辩论的动议，不管此时是否还有其他代表有意愿进行演讲。这个动议仅允许两个代表发言反对此动议。在此程序性辩论后需立即对动议进行投票。终止辩论的动议需要在场代表的三分之二多数投票通过。

如果终止辩论的动议通过，主席团需要宣布此委员会辩论结束，并且立刻进入投票进程。

Withdrawal of Motions 动议的撤回

Rule 25

A motion may be withdrawn by its proposer at any time before voting has commenced, provided that the motion has not been amended.

在动议被投票之前,如果它没有被修改,那么它的提出者可以在任何时间提出撤回此动议。

Privilege of Motions 动议的优先

Rule 26

The Dais is supposed to sort the motions according to its privilege. The privilege of the motions is listed on the motions' list (Table 4).

Procedure motions, except for moderated caucus, cannot be voted again if the motions of the same kind have been passed.

主席团会根据动议的优先级对代表提出的多个动议进行排序。动议的优先级被列在动议表中(见表4)。

除了有组织核心磋商,程序性动议在通过后,相同类型的其他动议将不能再被投票。

Working Paper 工作文件

Rule 27

Working paper is used when several countries has formed a bloc and reached a consensus on the topic. Delegates of the same bloc may submit a working paper to the dais including all their ideas concerning the given topic of their Committee.

A working paper should involve preambular clauses and operative clauses.

The sponsors of a working paper should make sure that the number of all the sponsors and signatories accounts for at least 20% of the delegations presenting in the Committee before submitting it to the Dais.

The director of a Committee may advise the delegates to revise the working paper in both substantial and procedural factors before approving it.

The director of a Committee may advise the delegates from different blocs to merge the working paper if they function similarly.

当数个国家已经组成了一个集团并对议题达成了一些共识后，同一集团内的代表们可以向主席团提交一份工作文件用来阐述本集团在此委员会议题下的想法。

工作文件应该包含序言性条款和行动性条款。

工作文件的起草国应确定起草国和附议国总数应超过委员会出席国家总数的20%。

委员会内的学术指导在接受工作文件前会提出对于文件内容和程序的修改意见。

委员会内的学术指导可能建议数份内容相近的工作文件合并。

Draft Resolutions 决议草案

Rule 28

A working paper becomes a draft resolution when it is approved and given a code by the director of the Committee.

Approved by the Dais, a draft resolution shall be printed and distributed, and Member States of a Committee shall be given 2 minutes automatically to read it. The Dais shall invite the sponsors of a draft resolution to introduce their main ideas within 5 minutes.

After an introduction, delegates may ask the sponsors three questions at their most concerning; each delegate may ask one question; only substantial questions are allowed.

In each Committee, one delegation can be the sponsor of only one draft resolution.

主席如通过了递交上来的工作文件后，会批准一个编号，这份工作文件就成为决议案草案。决议草案会被打印发放到委员会，委员会成员有2分钟时间阅读，之后，决议草案发起人有5分钟时间宣讲其主旨要义，并接受3个问题的质询。一名代表只准许提出一个且是实质性的问题。每个委员会上，一个代表队只能做一份决议草案的发起人。

Resolution 决议案

***Rule* 29**

A draft resolution becomes resolution if it is passed by the Committee.

In each Committee, only one draft resolution can be passed.

The voting procedure will officially end immediately after one draft resolution passed by the Committee.

决议草案在委员会投票通过后会成为决议案。每个委员会只能通过一份决议草案。

一旦有一份决议草案投票通过，投票环节便会立即正式结束。

Amendments 修正案

***Rule* 30**

Any delegation may propose advices of a certain draft resolution in the forms of friendly amendments or unfriendly amendments.

A friendly amendment refers to an amendment which is approved by all the sponsors of the original draft resolution.

A friendly amendment automatically becomes part of the original draft resolution after the Dais approve it to all of Member States.

An unfriendly amendment refers to an amendment which is objected by any amount of the sponsors of the original draft resolution.

An unfriendly amendment shall be passed by receiving 2/3 majority of Member States present and voting after the Dais reading it.

The Committee shall settle all its amendments (friendly or unfriendly) before moving to voting procedural of the draft resolution.

所有代表都可以以友好修正案和非友好修正案的形式对一份决议草案提出建议。

友好修正案是指由原决议草案中全部起草国支持的修正案。

在主席团向全部成员国展示友好修正案后，该友好修正案自动被加入原决议草案中。

非友好修正案是指原决议草案起草国中有一个或多个反对的修正案。

在主席团向全部成员国阅读非友好修正案后，若在投票中获得三分之二多数支持，该非友好修正案被加入原决议草案中。

委员会应该在正式对一份决议草案投票之前处理完该决议草案的全部修正案（包括友好修正案和非友好修正案）。

Format 文件格式

Rule 31

All documents shall normally be submitted in ". doc" or ". docx" format to the Dais. Files in PDF or any other format shall not be accepted by the Dais (Except for position paper).

所有文件应该以". doc"或". docx"的格式被正式提交给主席团。主席团不会接受除此之外任何". pdf"或其他格式的文件（立场文件除外）。

Voting Rights 投票权

Rule 32

Each member of the Committee shall have one vote. Observation states and organizations have no voting rights.

委员会的每位成员可以投一票。观察员国或组织机构无投票的权利。

Majority Required 投票通过所需的多数支持

Rule 33

Unless specified otherwise by the Secretariat in the Committee Background Guide, decisions of the Committee shall be made by a simple majority or 2/3 majority of the members. For details see Table 4.

Abstention is not allowed for any country during voting on procedural matter.

委员会的任何决定应该由委员会通过投票以简单多数或三分之二多数（绝对多数）通过，除非在委员会背景文件中有秘书处的特殊规定。详见表4。

在程序性投票的过程中，所有出席的国家不可以弃权。

***Method of Voting* 投票方式**

Rule 34

The Committee shall normally vote by a show of placards, except that a delegate may request a roll call vote or an adoption by acclamation.

A delegate may motion to an "adoption by acclamation" of a draft resolution when all the delegates reach a consensus on it. The motion shall be passed if no country objects. The Committee shall not vote but applaud to pass that draft resolution.

The roll call vote shall be taken in the English alphabetical order of the names of the members, beginning with the member whose name is randomly selected by the Dais. The name of each member shall be called and the delegate shall reply "yes," "no," "abstain," or "pass." Again, "abstain" is not allowed for those countries whose voting status is "present and voting" in accordance with Rule 14.

Only those delegations who designate themselves as present or present and voting during the attendance roll call, or in some other manners communicate their attendance to the Dais, are permitted to vote and, as such, no others will be called during a roll-call vote.

Any delegation replying "pass" must, when requested a second time, respond with either "yes" or "no". A pass cannot be followed by a second pass for the same draft resolution or amendment, nor can it be followed by an abstention on that same draft resolution or amendment.

如果没有代表动议进行唱名投票或者鼓掌通过，委员会应该按照常规举国家牌的方式进行投票。

当整个委员会都同意一份决议草案的内容时，代表可以动议"鼓掌通过"。如果没有代表提出反对，该动议通过。此决议草案无须投票，由委员会鼓掌通过。

唱名投票应当按国家名英语首字母顺序，由主席依次询问投票。被点到的代表可以回答"支持""反对""弃权"或"跳过"。与规则14中所述相同，投票状态为"出席并投票"的代表不可以回答"弃权"。

只有在点名的时候或者以其他方式告知主席团自己的出席状态为出席或出席并投票的代表才会被允许投票。其他代表不会在投票时被点到。

第一轮投票时回答"跳过"的代表在第二轮必须回答"支持"或"反对"。在对同一份决议草案或修正案投票时，第一轮回答了"跳过"，则第二轮不能回答"跳过"或"弃权"。

Conduct during Voting 投票阶段的行为规范

Rule 35

After the Dais has announced the beginning of voting, no delegate shall interrupt the procedural except on a point of order in connection with the actual conduct of the voting.

During roll call vote, the Dais may permit members to explain their votes, either before or after the voting. The Dais may limit the time to be allowed on such explanations.

The Dais shall not permit the proposer of the draft resolution or the amendment to explain his vote.

在主席团宣布会场进入投票阶段以后，会场代表除非指出会议中的程序性问题，否则不可以打断正常的会议流程。

在唱名投票期间，主席团成员可以允许代表在投票前后解释他们的投票，并限制他们在解释时花费的时间。

主席团不应该许可决议草案及修正案的发起者解释他们的投票。

Reorder of Draft Resolutions 决议草案的重新排序

Rule 36

A delegate can only move the reorder of draft resolutions immediately after the Committee enters the voting procedure.

If there are more than one such motion existing, the Committee will vote in the order they are recognized.

Once a motion of reorder of draft resolutions is passed by simple majority, the Committee will vote draft resolutions according to the order this motion suggests. The Committee will vote draft resolutions in the original order if all such motions fail.

会场代表可以在委员会刚进入投票环节时提出动议对决议草案进行重新排序。

如果主席团收到了多个这种重新排序的动议，将会按照这些动议被接收的顺序组织这些动议的投票工作。

如果对决议草案重新排序的动议以会场人数的简单多数投票通过，那么委员会将会按照此动议提出的新顺序对决议草案进行投票。

如果对决议草案重新排序的动议未获通过，那么委员会将按照决议草案原来的顺序进行投票。

Invitation to Silent Prayer or Meditation 默哀的要求

Rule 37

During the opening ceremony of the conference, the Secretary-General shall invite the delegates to observe one minute of silence dedicated to prayer or meditation for those victims of natural disasters, wars and United Nations Peacekeeping Force.

在会议开幕式时,秘书长将邀请参会代表进行一分钟默哀,以纪念在自然灾害、战争以及联合国维和行动中的遇难者。

***Electronic Devices Policy* 电子设备使用规范**

Rule 38

Electronic Devices shall not be used during the formal debate, collectively referred to formal sessions, in respect of the speakers. It could be used only during the suspension of the meeting in order to work on the working paper, report segment or draft resolution.

在会期中的正式辩论阶段,为尊重演讲者,代表不应使用电子设备。代表只应在休会阶段使用电子设备进行工作文件、会议报告、决议草案等相关文件的撰写。

第五部分　Motion List 动议清单

The "Motion List" is a summary by which delegates can easily learn all the motions they may encounter during the meeting. The delegates can look it up before they raise a motion, since the "Motion List" describes the purpose of each motion and the voting requirement. It is a customary practice for a conference organizer to attach a "Motion List" as part of the conference rules of procedure to help delegates to involve in the conference smoothly. (See the attached Motion List sorted by precedence of the motions.)

"动议清单"集中了会议中所有可能使用到的动议用语,并细致准确地描述其用法与投票要求。与会者在参会前应熟知会议动议用语及要求,以保障会议质量。通常,每个会议之前,会议组织方会在"Rules of Procedure"中附上"Motion List"(见表4,按照动议优先权高低排序)。

表4 2016 NPUMUN 动议清单

(Sorted by Precedence) Rule	Second	Debatable	Vote Required	Interrupt Speaker	Description
Point of Order	No	No	None	Yes	Used to point out a misuse of the rules
Amend the Agenda	Yes	No	2/3 Majority	No	To amend the agenda under the urgent circumstance
Suspension of the Meeting	Yes	No	Simple Majority	No	Recess the meeting for a specific period of time
Moderated Caucus	Yes	No	Simple Majority	No	Change the meeting into formal discussion moderated by the Dais
Adjournment of the Meeting	Yes	No	Simple Majority	No	End the meeting
Closure of Debate	Yes	2 Con	2/3 Majority	No	Ends debate on any issue open to debate and brings it to an immediate vote
Set the Speaker's Time	Yes	2 Pro 2 Con	Simple Majority	No	Set or change the speakers' time limit
Close/Reopen the Speakers' List	Yes	No	Simple Majority	No	No/New additional speakers added to the speakers' list
Reorder the Draft Resolutions	Yes	2 Pro 2 Con	2/3 Majority	No	Put Draft Resolutions into special order for voting
Roll Call Vote	No	No	None	No	Vote by roll call, rather than show of placards
Adoption by Acclamation	No	No	No opposition	No	Unanimous adoption

第六部分 术语

Glossary is a dictionary of all the words or vocabulary that are used at the conference. The attached Glossary collects the most of the words and provides the explanations in the alphabetic order.

术语表是为参会者提供的一个会议用语小词典。它汇集了会议中所涉及的专门用语。表5是以字母顺序排列的术语表。

表5 术语表

Abstention	A vote during the voting process; to abstain is to be considered as not voting. An abstention does contribute to the passage of a draft resolution/report segment. Note: Member States may only abstain if they are "Present" during formal roll call. Example: A draft resolution that received 30 votes in favor, 10 votes against, and 40 abstentions would still pass due to a two-thirds majority of the members present and voting. Member States may not abstain if their voting status is "Present and Voting" during roll call at the start of Voting Procedure. Besides, abstention is not allowed during procedural vote.
Adjournment of the Meeting	To result in the immediate end of the meeting until the next conference year.
Adoption by Acclamation	To adopt a draft resolution/report segment as a body by consensus. No debate, no vote—Chair will ask for any opposition.
Bloc	A bloc is a group of countries which have similar political aims and interests that act together over some issues.
Chair	Persons who are in charge of leading the committee's formal debate in accordance to the NPUMUN Rules of Procedure.
Closing/Reopening the Speakers' List	Motions can be made to close the speakers' list at any time or the speakers' list would be closed by exhausting the list. If a motion is passed by a simple majority to close the speakers' list, a separate motion can be brought forth to reopen the speakers' list by a simple majority. Once a closed list is exhausted, the committee goes directly into voting procedure.
Closure of Debate	A motion that ends debate on any issue open to debate and brings it to an immediate vote.
Dais	A raised platform or table at the front of the room where members of the NPUMUN Academic Panel are seated. This includes the Director, Chairs and/or Rapporteur. Often, the term "the Dais" is utilized to refer to these individuals collectively.
Decorum	Overall respect for the formal committee process and speakers at a Model United Nations (MUN) conference must exhibit. The Chair will call for decorum when he or she feels that the committee is not being respectful of a speaker, of the dais, or of their roles as delegates.
Delegate	A person authorized to act as representative for a country.
Delegation	A group of people authorized to act as representative for a country.

续表

Director	A member of the dais that oversees the creation of working papers and draft resolutions, acts as an expert on the topic, makes sure delegates accurately reflect the policy of their countries, and ensures that decorum is maintained during caucuses.
Director-General	Member of the NPUMUN Academic Panel. Chief academic officer of the Conference.
Draft Resolution	Working paper that has been accepted by the Dais, which is discussed and voted on by the body.
Formal Debate	Within one committee session, the committee will alternate between formal and informal debate multiple times. During formal debate, rules of procedure are enforced by the Chair; delegates are expected to be in their seats and attentive, to be respectful of other delegates and diplomatic. Delegates can be added to the speakers' list and make speeches, raise points or motion.
Friendly Amendments	Amendments proposed by ALL the sponsors of a draft resolution; once approved by the Dais these amendments are automatically included in the draft resolution.
Informal Debate	Within one committee session, the committee will alternate between formal and informal debate for multiple times. During informal debate, delegates are expected to engage actively by moving to suspending the meeting for discussing the topic with other delegates and processing documents. Delegates should also be respectful of other delegates and diplomatic in manners. Electronic devices can only be used during suspension of the meeting.
Majority Vote	A threshold at which many motions pass. A motion passes by majority vote if more people vote yes than vote no (in the case of substantive votes, no abstention allowed). To determine if a matter passes, compare yes votes to no votes only. Tie votes fail.
Member States	A country that has ratified *the Charter of the United Nations* and whose application to join has been accepted by the General Assembly and Security Council.
Model United Nations	Educational conferences that simulate the purpose and practices of the UN.
Moderated Caucusing	When a committee holds a moderated caucus, the Chair calls on delegates one at a time and each speaker briefly addresses the committee on relevant topics and within certain time.
Motion	A request to do something during formal debate; motions are voted on by the body.
Motion Out of Order	An incorrect (non-NPUMUN) motion or a motion used at the incorrect time during the conference.
NPUMUN Academic Panel	The Director-General, the directors, the chairs, the judges, and the NPUMUN faculty advisors are collectively referred to as the "NPUMUN Academic Panel".

续表

Operative Clauses	Proposes a new measure(s) and/or an extension of an existing measure(s), which has not already been outlined in a previous resolution.
Point of Order	Corrects an error in procedure and refers to a NPUMUN specific rule.
Position Paper	Position paper is a document which required delegates to hand in before the conference. It should contain your country's relation to the topic, as well as its suggestions for how to solve the issues discussed.
Preambular Clause	Sets up historical context and relevant international law for a resolution, which justifies future action.
Present	Establishes a delegation as present in the committee, with the opportunity to abstain during substantive votes.
Present and Voting	Establishes a delegation as present in the committee. There is no opportunity to abstain during substantive votes; delegations must vote "yes" or "no".
Procedural Vote	Votes on motions before the body; all delegations present must vote.
Quorum	A minimum of one-third (or 33%) of the members of the body; based on total number of Member States, excluding Observers/Nongovernmental organizations (NGOs), according to the first session's attendance.
Rapporteur	Person responsible for maintaining the speakers' list, order of the resolutions on the floor, verifying vote counts and other administrative matters.
Roll Call	The first order of business in a MUN committee, during which the Rapporteur reads aloud the names of each Member State in the committee. When a delegate's country's name is called, he or she may respond "present" or "present and voting". A delegate responding "present and voting" may not abstain on a substantive vote.
Roll Call Vote	Vote by roll call, rather than show of Placards. No debate, no vote—automatically granted by Chair.
Second	To agree with a motion being proposed. Many motions must be seconded before they can be brought to a vote.
Secretary-General	Member of the NPUMUN Secretariat. Chief administrative officer of the Conference.
Security Council	The Security Council is the primary organ of the UN mandated to maintain international peace and security.
Signatories	Member States/NGOs or Observers who are interested in bringing the working paper forward for consideration of the committee. Note: a combination of 20% sponsors and signatories is required for all working papers to become draft resolutions. And there must be at least 1 signatory.
Simple Majority	50% plus one vote of the number of delegates in a committee. The amount needed to pass most votes.

续表

Speakers' List	A list that determines the order in which delegates will speak. Whenever a new topic is opened for discussion, the Chair will create a speakers' list by asking all delegates wishing to speak to raise their placards and calling on them one at a time. During formal sessions, a delegate may indicate that he or she wishes to be added to the speakers' list by sending a note to the dais.
Sponsors	Member States who created the content of the working paper and will be most responsible for ensuring that it will be voted on as a draft resolution. Note: A combination of 20% sponsors and signatories is required for all working papers to become draft resolutions (There must be at least one sponsor).
Substantive Vote	Votes taken during voting procedure to accept a draft resolution/report segment, an unfriendly amendment and/or the annex to a draft resolution; votes disclosed after counting by the Dais. Only Member States vote.
Suspension of the Meeting	Informal debate for a brief period of time. Delegates will draft working papers, discuss and gather support for working papers, draft resolutions and review work that have been done by other groups. Note: Delegates do not need to state a purpose for suspending the meeting. Only during suspension of the meeting are electronic devices allowed.
2/3 Majority	A two-thirds vote means at least two-thirds of the votes cast (not counting members who abstain) at a legal meeting with a quorum being present.

六、模拟联合国会议中的名词解释

为了便于读者理解，将模拟联合国会议中所涉及的名词按照"磋商环节、文件写作环节、投票环节"这三个环节进行分类解释。需要提醒读者注意的是，这三个环节的划分并不是绝对的，比如，在磋商过程中往往伴随着文件写作，文件写作中也有磋商。

（一）磋商环节

1. 点名（Roll Call）

每个会期（Session）开始前或进入投票环节后，由主席助理依据国家名单，按照字母顺序进行点名以确认出席的国家及数量。被点到的国家的代表应高举国家牌并起立回答"出席（Present）"。双代表的会场，代表可自行选择共同起立或由其中一人代为回答。主席助理应在听到代表的回答之后告知全场某某国家的代表出席，并做相应记录。经主席助理点名三次未回答的代表，主席助理应告知全场某某国家的代表缺席，并做相应记录。经主席助理宣布缺席的国家代表，不得在任何情况下打断主席助理的点名，只允许通过向主席团提交意向条的方式告知出席情况的变化。主席助理可在收到意向条后告知全场该国家代表出席情况的变化，以及会场上相应简单多数及三分之二多数的变化情况。进入投票环节后，国家出席情况一经确定，不因任何原因做出改变，亦不接受意向条说明。在全部国家均确认了出席情况之后，主席助理应告知全场出席的国家数量及相应的简单多数及三分之二多数（关于简单多数及三分之二多数的定义将在下文中解释）。

2. 简单多数（Simple Majority）

若出席的国家数为偶数，则简单多数 = 出席国家人数 × 0.5 + 1。举例来说，若出席国家数为 40，则简单多数 = 40 × 0.5 + 1 = 21。

若出席的国家数为奇数，则简单多数 = 出席国家数 × 0.5 + 0.5；举例来说，若出国家数为 41，则简单多数 = 41 × 0.5 + 0.5 = 21。

3. 三分之二多数（Two Third Majority）

若出席的国家数可以被三整除，则三分之二多数即为出席国家数的三分之二。

若出席的国家数不能被三整除，则三分之二多数即为出席国家数的三分之二，按"进一法"处理后的国家数。比如，出席国家数为 40，则三分之二多数约为 26.7，则三分之二多数为 27。

4. 确定议题议程（Setting Agenda）

当委员会的议题多于 1 个时，须在点名完成后确定议题的讨论顺序。由主席团提出，全体代表自动获得 10 分钟自由磋商的时间。自由磋商结束后，按照主席团提出的议题讨论顺序分别投票，票数最高的顺序即为本次会议讨论的顺序。

5. 发言名单与演讲（Speaker's List & Speech）

（1）在完成点名与确定议题（如有）之后，主席应宣布发言名单开启，希望发言的国家代表应高举国家牌示意。主席应随机点出举牌国家的名称以确定发言顺序。

（2）主席助理应及时记录主席确定的发言顺序，并通过大屏幕告知全场代表。

（3）每个在发言名单中的国家默认的发言时间为60秒，轮到某一国家的代表发言时，该国代表应站立在主席团指定的讲台前，面向全体代表进行演讲。不得在自己座位上直接进行演讲。

（4）第一个会期不允许代表提出动议修改发言时间（关于"动议"的定义将在下文中提及）。

（5）发言结束的代表，可通过向主席团递交意向条的方式申请追加发言，主席团应在收到意向条后，自动将该国代表加入发言名单的最后位置。

6. 动议（Motion）

在会议过程中，任何涉及程序性的要求，代表都应通过动议的方式提出。但只能在主席询问会场有无动议或问题时才可提出。任何代表不得在主席未询问的情况下打断会议提出动议。关于动议的使用，举例如下：

（1）中国代表动议修改发言时间为90秒。

（2）美国代表动议一个自由磋商，时间为10分钟。

当场上存在多个动议时，优先次序问题将以下通过动议列表（Motion List）进行解释。

（3）主席可根据自己的临场经验一次性询问多个代表的动议，但不必穷尽所有代表。若某一个动议被投票通过，在该动议被执行后，主席仍需组织全场代表对其他动议进行投票。例如，某个自由磋商被通过之后，主席仍需在自由磋商结束后，就其他的动议，如修改发言时间进行投票。

7. 问题（Point）

问题分为两种：程序性问题（point of order）和质询性问题（point of inquiry）。

当主席在适用规则时出现问题时，任何代表可在任何时刻高举国家牌同时喊出：程序性问题。在主席允许后，方可指出主席在适用规则时的错误。

当代表对与本委员会所讨论的议题相关的信息不明确时，可提出质询性问题，如本委员会提交决议草案的截止时间等。质询只能在主席询问台下有无动议或问题时才可提出。

当动议和问题同时提出时，则问题的优先级高于动议，即主席应优先处理提出的问题。

关于个人特权问题，包括空调温度、话筒音量、需要暂离会场等要求，不允许通过问题或动议的方式提出。如确有需求，代表应通过提交意向条的方式向主席提出。

[特别说明] 很多会议喜欢最大限度地将"问题"复杂化，设计出各式各样的问题，甚至代表希望离场去卫生间也要通过提出问题的方式加以处理。笔者以为这样的方式实际上便是走了形式大于内容的误区，一套规则的设计应该是为了会场的秩序与效率，而不应仅仅是刻意追求所谓的"正式"。

8. 意向条（Note）

在会议进行过程中，除了规则允许的发言以外，代表们之间，代表与主席之间的交流均需通过意向条的方式进行。意向条的内容无固定格式要求，但必须注明来自（From）哪个国家，希望送到（To）哪里（主席或代表）。

9. 自由磋商（Unmoderated Caucus）

自由磋商是指全体代表可以在指定时间内离开自己的座位，与任何想要沟通的人进行沟通。也可以利用这段时间撰写文件等。自由磋商需要以动议的方式提出，仅需说明自由磋商的时间即可。自由磋商的时间不得超过30分钟。

[**特别说明**] 自由磋商时间的长短应该根据会场规模、议题内容等因素的影响而确定。鉴于西工大模联大会的委员会规模均在中等规模（50人左右），且会期较短，故而设置了30分钟的限制。在诸如纽约模拟联合国大会等会议上，很多自由磋商的时间甚至会达到2个小时。此处则又体现笔者一贯的主张，没有"最好的"规则，只有"最合适的"规则。

10. 有主持核心磋商（Moderated Caucus）

有主持核心磋商是指，在大的议题下规定一个更具体的讨论内容（Sub-topic），在指定时间内，由有意愿进行发言的代表进行发言。有主持核心磋商需要通过动议的方式提出，代表在提出动议时须指明三个要素：需要讨论的内容、总时间、每位代表的发言时间。举例来说，某个委员会的大议题为：全球气候变暖问题（Global Warming），某位代表可以提出一个有主持核心磋商，主题为：碳排放交易机制（Emission Trading Scheme），总时间为10分钟，每位代表发言时间为1分钟。若某个有主持核心磋商的动议被通过，则提出该动议的代表自动成为第一个发言人。主席可根据总时间及每位代表的时间点取适当数量的代表进行发言。如总时间为10分钟，每位代表的发言时间为1分钟，则主席须点取10名代表。若因示意希望发言的代表不足导致总时间剩余，主席可在所有希望发言的代表都发言结束后询问全场有无代表需要追加发言，若无，则该有主持核心磋商自动结束。同样，若因每位代表的发言耗时少于规定的时间导致总时间剩余，主席可根据实际情况询问全场有无代表需要追加发言，但最多不得超过3人。

11. 暂停会议(Suspension of the meeting)

每个会期结束时,需由代表通过动议的方式提出暂停会议。经投票通过后方可暂停会议直至下一个会期。

12. 关闭发言名单(Closure of Speaker's List)

代表们可通过动议的方式提出关闭发言名单。一旦发言名单关闭,在发言名单上且尚未发言的国家不再有发言的机会,也不允许任何新的国家增加入发言名单。会议此时仅可通过有主持核心磋商与自由磋商进行。

13. 结束辩论(Closure of the debate)

代表们可通过动议的方式提出结束辩论。一旦该动议被通过,则会议进入投票环节。提出该动议的代表将获得 60 秒的时间陈述理由。其他代表可举牌示意发表反对意见,主席应再随机指定一名代表发表反对意见,时长 60 秒。

14. 休会(Adjournment of the meeting)

在投票环节结束后,须有一名代表提出休会的动议,获得通过后,本委员会此次的会议宣告结束。

(二) 文件写作环节

1. 立场文件(Position Paper)

代表应按照大会秘书处规定的时间和方式在会前递交立场文件。逾期未提交的,在会议期间主席团不再接受。

2. 工作文件(Working Paper)

从会议的第二个会期开始,代表可提交工作文件。工作文件的内容无特殊格式要求,但须明确起草国。工作文件对于起草国的数量并无要求。在主席批准并编号后,工作文件方可印发全场。代表不得自行印发工作文件或给工作文件编号。工作文件印发全场后,主席应根据文件长度规定全场阅读的时间。在阅读时间结束后,该工作文件的起草国自动获得 3 分钟的时间对该工作文件进行介绍。若起草国的数量大于 1,则起草国之间自行分配发言时间。主席应在 3 分钟介绍结束后询问全场有无动议或问题，是否以有主持核心磋商的形式对该工作文件进行讨论（由代表们自行决定）。

[**特别说明**] 很多会议对于工作文件的起草国数量设有限制，笔者认为这样的做法限制了有想法的个别代表发声的可能性。在模拟联合国会场中，有时候真理就是掌握在少数人手中。很多代表习惯了用所谓"控场"的方式来开会，即只要掌握了人数上的优势，就不在乎观点的合理性与否，强行推销自己的观点。通过取消对工作文件起草国的数量限制，并且给予起草国 3 分钟介绍的时间，使得个别思路正确的代表在被恶意孤立时，仍有机会通过工作文件的方式宣传自己的观点。而是否对工作文件以有主持核心磋商的方式进行讨论，则放权给代表自己。这体现了主席团及规则的设计不应过度干涉会场走势的思想。

3. 决议草案（Draft Resolution）

代表们可以在主席团规定的时间提交决议草案。决议草案应明确：委员会（Committee）、起草国（Sponsors）及附议国（Signatures）。起草国及附议国相加的总数，应达到委员会出席国家数的 20%（若出席国家数量不能被 5 整除，则采用进一法）。一个国家只可以作为一份决议草案的起草国，但可以成为多份决议草案的附议国。

每个委员会的每个议题仅允许一份决议草案通过。决议草案应包括序言性条款和行动性条款两部分。在主席批准并编号后，决议草案方可印发全场。代表不得自行印发决议草案或给决议草案编号。决议草案印发全场后，主席应根据草案长度规定全场阅读的时间。在阅读时间结束后，该决议草案的起草国自动获得 5 分钟的时间对该决议草案进行介绍，若起草国的数量大于 1，则起草国之间自行分配时间。

在 5 分钟的介绍结束后，全场将自动讨论一个主题，对该决议草案进行有主持核心磋商，总时长为 10 分钟。但并不规定首位发言的代表必须是起草国的代表。

[**特别说明**] 决议草案是一个会议成果的汇总,对起草国及附议国数量的限制是为了尽可能地让代表们达成共识。一个会场如果每个国家都拿出一份让自己利益最大化的决议草案,那么这个会议无疑是失败的。而对于一个国家只能作为一份决议草案的起草国的限制,是为了避免一些代表为了获奖等议题外的因素,不顾国家立场的正确性。与工作文件不同的是,在介绍决议草案之后,全场将自动进行讨论,这是为了避免该份决议草案的反对者通过动议的方式扰乱会场的秩序,从而阻挠关于决议草案的讨论。通常情况下,决议草案的讨论都是在最后一个会期,时间十分宝贵,这时,一定的强制力便是必要的。并且基于20%的限制,一份决议草案至少代表了整个会场20%代表的观点,那么无疑它是值得被讨论的。

4. 修正案(Amendment)

代表可对任何一份决议草案提交修正案。修正案上须明确起草国,对起草国数量没有限制。

修正案分为友好修正案和非友好修正案。若修正案的起草国或附议国包括了被修正的决议草案的全体起草国,则为友好修正案。主席团应在投票环节对该修正案进行投票前宣读,宣读后修正案自动成为原决议草案的一部分。

若被修正的决议草案的起草国中的任何一个或多个起草国不接受修正案的内容,拒绝成为起草国或附议国,则此修正案为非友好修正案。主席团应在投票环节首先向全场宣读该非友好修正案。宣读后全场代表首先对修正案进行投票,若达到三分之二多数,则该非友好修正案自动成为决议草案的一部分。若未通过,则该修正案废除,再继续进行对于决议草案的投票。

[**特别说明**] 纵观整套规则的设计,都在突出这样一个思想,就是让正确的少数人不会失去表达的权利与机会。因此,没有限制修正案起草国

与附议国的数量。笔者在给新队员培训的时候经常会强调修正案的重要性。从地位上来说，可以认为修正案与决议草案是平级的关系。当我们没有能力整合出一份决议草案的时候，不妨通过提交修正案的方式凸显自己的存在感，宣扬自己的观点。不印发修正案是借鉴了美国一些会议的做法，考虑到西工大模联大会的特点，即会期较短，若是全场印发修正案进行讨论，很有可能耽误了决议草案的改进与讨论，故而以全场宣读的方式进行。

（三）投票环节

当动议通过结束辩论后，会议自动进入投票环节。进入投票环节后，志愿者应关闭前后门，不允许任何人进出会场。主席助理重新进行点名并告知全场出席的国家数量、简单多数及三分之二多数。

1. 主席应向全体代表告知投票环节的规则

（1）代表可动议提出重新排定决议草案的投票顺序；

（2）代表可动议提出唱名表决；

（3）代表可提出全场鼓掌通过决议草案；

（4）若代表未提出任何动议，则对决议草案以举手表决的形式进行。

2. 重新排定决议草案的投票顺序

在一般情况下，决议草案将按照主席团审批通过并编号的顺序进行投票。代表们可通过动议的方式提出重新排定决议草案的投票顺序。

3. 点名投票

点名投票，即主席助理按照国家名称的字母顺序询问代表对于某份决议草案的支持与否。代表可回答支持（Yes），反对（No）或者弃权（Abstain）。若询问一轮之后，决议草案未达到简单多数，则主席助理将就该决议草案进行第二轮投票。在第一轮投弃权票的代表，在第二轮投票中必须做出一个明确的选择（Affirmative or Negative Vote）。

4. 全场鼓掌通过

代表们可通过动议提出此种表决方式，主席将询问全场有无反对。若无任何一人反对，则全场以鼓掌的方式通过该决议草案。

一份决议草案若达到简单多数的支持票数即告通过。若一份决议草案获得通过，则不再对其他决议草案采取行动。

（四）其他事项

（1）在西工大模联大会中，不存在让渡时间的设置。任何代表若发言时间有剩余，则自动让渡给主席。

（2）任何程序性问题的投票均无须附议（Second）。

（3）任何程序性问题的投票代表均须做出肯定或否定的表示，不允许弃权（见表6）。

表6 模拟联合国会议其他注意事项

事 项	是否辩论	通过条件	可否打断会议
程序性问题	否	无须投票	是
质询性问题	否	无须投票	否
自由磋商	否	简单多数	否
有主持核心磋商	否	简单多数	否
修改发言名单时间	否	简单多数	否
关闭/重启发言名单	否	三分之二多数	否
停止辩论	是	三分之二多数	否
决议草案重新排序	否	简单多数	否
点名投票	否	有人提出	否
鼓掌通过决议草案	否	无人反对	否
休会	否	三分之二多数	否

七、模拟联合国会场策略

经过会前细致深入的准备，各位代表终于来到会场。在上会过程中，首要任务是将会前准备的一切有条不紊地完全展现出来。因而良好的会场策略对代表们更好的发挥非常重要。会场策略以会议流程（见图67）的形式给出，一方面可以使得代表们再次加深对规则流程的认识，另一方面各位代表也可以通过流程更好地体会策略的意义。然而这些策略仅作为参考，切不可直接照搬。会场上的具体问题依旧需要具体分析，还需通过不断地模拟练习真正理解不同情况下的处理策略。

（一）点名（Roll Call）

点名是会议的第一项议程。正如前面规则介绍的点名时回答 Present 与 Present and Voting 之间的区别，Present and Voting 由于放弃了弃权票，因此显得所代表国在此议题上立场更加坚定或者在此会场上姿态更加强势。例如，在 GA 1st Committee 上讨论朝鲜核问题时，美国代表可以通过在点名时回答 Present and Voting 向全会场展示美国在此问

图67　模拟联合国会议流程

题上的最基础立场：朝鲜不得拥有核武器，而中国在会场上可以倾向于回答 Present，以展示较为温和的外交策略。

（二）确定议题顺序（Setting Agenda）

确定议题顺序时，主席会首先邀请几个国家进行演讲，以发表在议题顺序上的意见。之后由动议推动进行一个非正式磋商展开自由讨论。叙述本国期望的议题顺序时，除了需要给出本国期望这种顺序的理由外，还可以通过给出对方国家支持这种顺序所能获得的利益，以便更好地取得对方

的支持。

(三) 动议（Motion）的提出

一般来说，动议的提出需要根据当时会议的进程，在需要的时候提出适当的动议。例如，在进行几轮演讲后，可以提出一个非正式磋商以供自由讨论。大多数动议的提出不需过多技巧，但有组织磋商例外。因此，这里我们将着重介绍如何提出有组织磋商动议。

前面的章节里我们已经就有组织磋商的内容和上台演讲时的注意事项进行了详细的分析，现在我们要探讨的是如何提出高质量的有组织磋商主题。笔者就"判断有组织磋商演讲主题的标准"与很多参与过模拟联合国的人士进行过交流，结论是一千个人有一千种标准。有人认为好的主题要能够推动会议进程、讨论议题的核心问题；也有的认为好的主题要平衡各个国家的利益，让所有代表都能有话说……在回答这个问题之前，我们不妨考虑另一个问题：对于代表们而言，进行有组织磋商的目的是什么？笔者认为，有以下几点意义：①限定发言主题，让会场所有代表将关注焦点放在同一主题并对这一主题进行深入讨论；②将会场议题从不同方面进行切割，有计划、有秩序地讨论子议题，逐步完善对整个议题的讨论；③为代表们增加沟通机会、突破主发言名单限制，话语权小的国家可以通过有组织磋商来表达自己的立场，话语权特别强的国家用此机会来扩大影响；④为最后撰写文件做准备。

明确了进行有组织磋商的意义，我们不难发现这样一个问题，只有当一个主题被大家通过和讨论时，上面提及的4个意义才有可能实现。虽然我们不能武断地说只有被大家投票通过的主题才是有价值的主题，但是如何赢得多数代表的支持、引领会场按自己的节奏进行交流却是我们必须提前思考的。

那么在精英云集的会场，如何才能让别人认同你的观点、支持你提出的有组织磋商主题呢？这与代表会前调研的深度、掌控会场的能力、游说其他代表的技巧都有关系。如果代表在上会前能够做足充分准备，例如熟读其他国家代表提交的立场文件、了解其他国家对议题的基本立场和关注的焦点，那么有的放矢地提出大家都愿意讨论的主题就会相对容易。代表们可做的准备不仅局限于阅读其他国家的立场文件，认真聆听其他代表发言、主动利用便条与他人交流、利用非正式磋商的时间广泛听取大家意见都是很好的方式。除有组织磋商的主题之外，提出动议的时机也非常关键。一场会议讨论的大议题无疑可被划分为多个值得被讨论的子议题，那么，弄清应在何时提出讨论哪个主题就尤为关键。总体说来，代表应该根据会议的不断深入，并遵循由"宽泛到具体"的原则提出有组织磋商的主题。开始，代表们可以就议题中出现的定义问题进行讨论，或者就某一个小的话题交换信息。但是随着会议的深入，代表们应该紧跟会议进程提出具体的、有深度的、与会议进程相一致的主题。我们试想一下，倘若会议即将进入尾声，已有多个集团向主席团提交决议草案，而此时有一名代表提出动议进行有组织磋商演讲，主题为介绍每个国家就讨论议题的基本立场，就显得不合时宜，与会议进程脱节。

下面我们具体以2013年西工大模联大会联大二委为例，真实还原会议进程记录，关注代表们提出的有组织磋商主题（会议进程记录表由2013年西工大模联大会联大二委主席钱成提供）。

大会议题为：气候变化对可持续发展的影响（The Impact of Climate Change on Sustainable Development）。图68是联大二委第一个会议议程的动议记录。从中我们可以看出，在第一个会议进程里，代表们共计提出四个有组织磋商动议，三个通过，一个未通过。但是有趣的是巴基斯坦和阿塞拜疆代表提出的有组织磋商动议的主题完全相同，可结果却截然相反。

Country	Motion	Time	Pass/Fail
UK	Suspend the Meeting	15 min	Pass
Japan	MC: The Specific Impact of Climate Change on Each Country	10/1 min	Pass
Mexico	Suspend the Meeting	20 min	Fail
Ecuador	Suspend the Meeting	20 min	Pass
Ireland	MC: Utilization of Clean Energy	15/1.5 min	Pass
Pakistan	MC: Cooperation of the Developing Countries	10/1 min	Fail
Azerbaijan	MC: Cooperation of the Developing Countries	10/1 min	Pass
UK	Suspend the Meeting	10 min	Pass
China	Suspend the Meeting	Until Afternoon	Pass

图 68 动议记录

据该委员会主席回忆，当巴基斯坦代表提出的动议未通过后会议返回正式演讲。在演讲中多名代表表示会场中大部分国家为发展中国家，讨论发展中国家就此议题进行合作很有必要并呼吁大家继续关注此主题。因此当主席再次询问场下有无动议时，阿塞拜疆代表恰当地把握时机重新提出讨论发展中国家合作的主题并获得通过。这个例子再次验证了时机以及利用一切机会游说其他代表的重要性。从图 68 我们也可看出，第一个议程属于会议的开始阶段，因此代表们提出的主题多属于信息交换、寻求合作的宽泛类型。这样的主题随着会议的深入会逐渐减少。

作为一名优秀的代表，除了要知道如何提出好的主题，更要学会应对其他代表提出的有组织磋商动议。大多没有经验的新人投票时只选择自己有准备的主题，对于其他值得讨论但是不在自己准备范围内的主题多投反对票。我们并不鼓励这样的做法，一是因为代表们应该有意识地锻炼自己，只要调研充分，并掌握我们总结出的技巧，短时间内准备出一篇有组织的核心演讲稿并非难事；二是有组织磋商是大家交流沟通的好机会，即使自己不上台演讲也能够听取其他代表对某个议题的观点，对自己下一步决策也会有很大帮助。因此，我们十分鼓励各位代表充分利用有组织磋商的机会发表自己观点、倾听他人立场、互相交换意见。

（四）非正式磋商（Unmoderated Caucus）

相比于有组织磋商，非正式磋商时各位代表商议议题时更加自由，因此讨论时的策略也较多。我们在这里仅列举一些非常重要的策略以便大家参考。在此特别提醒，由于会场的不同、会场形势的差异，需不断变化非正式磋商时的策略，做到具体问题具体分析，切不可盲目照搬。

策略一：不要过早提出本国的具体解决思路与方案

在会议开始阶段，有些代表急于组建或加入 bloc，将准备好的解决方案介绍给其他国家代表。了解其他国家的立场及其解决问题的方向非常重要，这是谈判达成共识的重要基础。如果过早提出本国立场及解决方案，可能未必为其他国家所接受，还要花费时间来消除不合，从而浪费了有效的合作时间。建议先多听多问，在一致点上达成共识，关键点上亮出分歧，再经过磋商达成一致，这样高效且专业。而且，在 bloc 正在形成时和盘端出本国的解决思路或方案，可能使得其他国家代表提出相似甚至更好的解决方案。这样，本国在会场上就会失去主动权。什么时候给出、给出多少、什么时候全盘给出都需要见机行事。总之，掌握主动权，营造良好沟通氛围才是至关重要的。

策略二：充分利用本国的地缘优势及战略联盟优势

会场上，代表们都会倾向于先与本国所在地区区域组织的成员或者其他组织成员结成 bloc，例如德国会倾向于先与欧盟成员国结盟，其次与北约成员国。因为在这些组织里，各成员国的诉求虽然细节上有所不同，但总体思路是一致的。在会场上不论在寻找可能的 bloc 时，或者已形成 bloc 写作工作文件时，均应该充分发挥本国在这些区域、跨区域组织中的影响力，以便将解决方案更好地体现在最终的 Working Paper 中。

策略三：尽量提出 Friendly Amendment 而非 Unfriendly Amendment

在工作文件被主席接收并成为决议草案（DR）后，主席通常会通过各种途径将该 DR 展现给全会场。在阅读完 DR 后可以根据本 bloc 的立场联合盟友提出 Amendment。在提出 Amendment 时，尽量与该 bloc 协商以提出 Friendly Amendment，因为在后面的投票阶段，本 bloc 的 DR 需要其他 bloc 的支持才能获得通过，因此最好不要将 bloc 之间的关系恶化。只有在对方 bloc 的 DR 对本国或本 bloc 非常不利而商谈又不成功的情况下才建议使用 Unfriendly Amendment。

（五）投票（Vote Procedure）

在投票阶段使用策略的目的是为了保证本方 bloc 的 DR 可以获得通过而制定的。

1. 投票阶段的点名

投票阶段的点名之所以重要是因为代表在这一轮的点名中不仅最后向全会场展现了本国的立场是强硬或是中庸，而且也是在程序上最终确认了投票时是否有弃权票。如果在投票前最后一轮 Suspension of the Meeting 中已经和盟友讨论过对于每份 DR 应如何投票，则可以根据讨论后的结果选择回答 Present 或者 Present and Voting。

2. 投票

投票时的策略体现在如何使用 Roll Call Vote Motion，以及如何应对这种投票。正如前面规则流程讲到的，Roll Call Vote 由于不需要投票通过动议因此不建议在类似于 GA 这种较大会场使用，因为会耽误过多的时间。在较小的委员会中，Roll Call Vote Motion 可以在一定程度上控制其他国家的投票。例如，在对本 bloc 的 DR 进行投票时，还有 bloc 的 DR 没有投票，这时便可以提出 Roll Call Vote 以对这些 bloc 的代表施加压力。这就暗示他们如果投反对票则会在自己的 DR 投票时得到反对票回应。

（六）关于其他规则在上会过程中的使用

1. Point of Order

由于 Point of Order 可用于指出主席错误或会场上他人错误，因此使用时需特别留意。如没有十分把握确定主席在规则流程上使用有误，或他人有错误，则不建议使用。但当以上两种情况发生时，尤其是当主席明显对本国或本 bloc 的其他国家有失公正时，要毫不迟疑地使用该动议。

2. Close/ Reopen the Speakers' List

如果在会场上与盟友一致认为我们现在应该更加关注工作文件的写作，则可以提出 Close the Speakers' List。如果动议通过，则其他国家不得不同意休会，否则演讲者名单最后一个国家演讲结束后会议自动进入投票阶段。关闭演讲者名单可以使会场更加注重于工作文件的内容，提出更多具体解决措施。

附录一

携手构建合作共赢新伙伴
同心打造人类命运共同体
——在第七十届联合国大会一般性辩论时的讲话
（2015年9月28日，纽约）

中华人民共和国主席　习近平

主席先生，各位同事：

70年前，我们的先辈经过浴血奋战，取得了世界反法西斯战争的胜利，翻过了人类历史上黑暗的一页。这一胜利来之不易。

70年前，我们的先辈以远见卓识，建立了联合国这一最具普遍性、代表性、权威性的国际组织，寄托人类新愿景，开启合作新时代。这一创举前所未有。

70年前，我们的先辈集各方智慧，制定了《联合国宪章》，奠定了现代国际秩序基石，确立了当代国际关系基本准则。这一成就影响深远。

主席先生、各位同事！

9月3日，中国人民同世界人民一道，隆重纪念了中国人民抗日战争暨世界反法西斯战争胜利70周年。作为东方主战场，中国付出了伤亡3500多万人的民族牺牲，抗击了日本军国主义主要兵力，不仅实现了国家和民族的救亡图存，而且有力支援了在欧洲和太平洋战场上的抵抗力量，为赢得世界反法西斯战争胜利作出了历史性贡献。

历史是一面镜子。以史为鉴，才能避免重蹈覆辙。对历史，我们要心怀敬畏、心怀良知。历史无法改变，但未来可以塑造。铭记历史，不是为了延续仇恨，而是要共同引以为戒。传承历史，不是为了纠结过去，而是要开创未来，让和平的薪火代代相传。

主席先生、各位同事！

联合国走过了 70 年风风雨雨，见证了各国为守护和平、建设家园、谋求合作的探索和实践。站在新的历史起点上，联合国需要深入思考如何在 21 世纪更好回答世界和平与发展这一重大课题。

世界格局正处在一个加快演变的历史性进程之中。和平、发展、进步的阳光足以穿透战争、贫穷、落后的阴霾。世界多极化进一步发展，新兴市场国家和发展中国家崛起已经成为不可阻挡的历史潮流。经济全球化、社会信息化极大解放和发展了社会生产力，既创造了前所未有的发展机遇，也带来了需要认真对待的新威胁新挑战。

"大道之行也，天下为公。"和平、发展、公平、正义、民主、自由，是全人类的共同价值，也是联合国的崇高目标。目标远未完成，我们仍须努力。当今世界，各国相互依存、休戚与共。我们要继承和弘扬《联合国宪章》的宗旨和原则，构建以合作共赢为核心的新型国际关系，打造人类命运共同体。为此，我们需要作出以下努力。

——我们要建立平等相待、互商互谅的伙伴关系。《联合国宪章》贯穿主权平等原则。世界的前途命运必须由各国共同掌握。世界各国一律平等，不能以大压小、以强凌弱、以富欺贫。主权原则不仅体现在各国主权和领土完整不容侵犯、内政不容干涉，还应该体现在各国自主选择社会制度和发展道路的权利应当得到维护，体现在各国推动经济社会发展、改善人民生活的实践应当受到尊重。

我们要坚持多边主义，不搞单边主义；要奉行双赢、多赢、共赢的新理念，扔掉我赢你输、赢者通吃的旧思维。协商是民主的重要形式，也应该成为现代国际治理的重要方法，要倡导以对话解争端、以协商化分歧。我们要在国际和区域层面建设全球伙伴关系，走出一条"对话而不对抗，结伴而不结盟"的国与国交往新路。大国之间相处，要不冲突、不对抗、相互尊重、合作共赢。大国与小国相处，要平等相待，践行正确义利观，义利相兼，义重于利。

——我们要营造公道正义、共建共享的安全格局。在经济全球化时代，各国安全相互关联、彼此影响。没有一个国家能凭一己之力谋求自身绝对安全，也没有一个国家可以从别国的动荡中收获稳定。弱肉强食是丛林法则，不是国与国相处之道。穷兵黩武是霸道做法，只能搬起石头砸自己的脚。

我们要摒弃一切形式的冷战思维,树立共同、综合、合作、可持续安全的新观念。我们要充分发挥联合国及其安理会在止战维和方面的核心作用,通过和平解决争端和强制性行动双轨并举,化干戈为玉帛。我们要推动经济和社会领域的国际合作齐头并进,统筹应对传统和非传统安全威胁,防战争祸患于未然。

——我们要谋求开放创新、包容互惠的发展前景。2008年爆发的国际经济金融危机告诉我们,放任资本逐利,其结果将是引发新一轮危机。缺乏道德的市场,难以撑起世界繁荣发展的大厦。富者愈富、穷者愈穷的局面不仅难以持续,也有违公平正义。要用好"看不见的手"和"看得见的手",努力形成市场作用和政府作用有机统一、相互促进,打造兼顾效率和公平的规范格局。

大家一起发展才是真发展,可持续发展才是好发展。要实现这一目标,就应该秉承开放精神,推进互帮互助、互惠互利。当今世界仍有8亿人生活在极端贫困之中,每年近600万孩子在5岁前夭折,近6000万儿童未能接受教育。刚刚闭幕的联合国发展峰会制定了2015年后发展议程。我们要将承诺变为行动,共同营造人人免于匮乏、获得发展、享有尊严的光明前景。

——我们要促进和而不同、兼收并蓄的文明交流。人类文明多样性赋予这个世界姹紫嫣红的色彩,多样带来交流,交流孕育融合,融合产生进步。

文明相处需要和而不同的精神。只有在多样中相互尊重、彼此借鉴、和谐共存,这个世界才能丰富多彩、欣欣向荣。不同文明凝聚着不同民族的智慧和贡献,没有高低之别,更无优劣之分。文明之间要对话,不要排斥;要交流,不要取代。人类历史就是一幅不同文明相互交流、互鉴、融合的宏伟画卷。我们要尊重各种文明,平等相待,互学互鉴,兼收并蓄,推动人类文明实现创造性发展。

——我们要构筑尊崇自然、绿色发展的生态体系。人类可以利用自然、改造自然,但归根结底是自然的一部分,必须呵护自然,不能凌驾于自然之上。我们要解决好工业文明带来的矛盾,以人与自然和谐相处为目标,实现世界的可持续发展和人的全面发展。

建设生态文明关乎人类未来。国际社会应该携手同行,共谋全球生态文明建设之路，牢固树立尊重自然、顺应自然、保护自然的意识，坚持走绿色、低碳、循环、可持续发展之路。在这方面，中国责无旁贷，将继续作出自己的贡献。同时，我们敦促发达国家承担历史性责任，兑现减排承诺，并帮助发展中国家减缓和适应气候变化。

主席先生、各位同事！

13亿多中国人民正在为实现中华民族伟大复兴的中国梦而奋斗。中国人民的梦想同各国人民的梦想息息相通。实现中国梦，离不开和平的国际环境和稳定的国际秩序，离不开各国人民的理解、支持、帮助。中国人民圆梦必将给各国创造更多机遇，必将更好促进世界和平与发展。

中国将始终做世界和平的建设者，坚定走和平发展道路，无论国际形势如何变化，无论自身如何发展，中国永不称霸、永不扩张、永不谋求势力范围。

中国将始终做全球发展的贡献者，坚持走共同发展道路，继续奉行互利共赢的开放战略，将自身发展经验和机遇同世界各国分享，欢迎各国搭乘中国发展"顺风车"，一起来实现共同发展。

中国将始终做国际秩序的维护者，坚持走合作发展的道路。中国是第一个在《联合国宪章》上签字的国家，将继续维护以《联合国宪章》宗旨和原则为核心的国际秩序和国际体系。中国将继续同广大发展中国家站在一起，坚定支持增加发展中国家特别是非洲国家在国际治理体系中的代表性和发言权。中国在联合国的一票永远属于发展中国家。

在此，我宣布，中国决定设立为期10年、总额10亿美元的中国－联合国和平与发展基金，支持联合国工作，促进多边合作事业，为世界和平与发展作出新的贡献。我宣布，中国将加入新的联合国维和能力待命机制，决定为此率先组建常备成建制维和警队，并建设8000人规模的维和待命部队。我宣布，中国决定在未来5年内，向非盟提供总额为1亿美元的无偿军事援助，以支持非洲常备军和危机应对快速反应部队建设。

主席先生、各位同事！

在联合国迎来又一个10年之际，让我们更加紧密地团结起来，携手构建合作共赢新伙伴，同心打造人类命运共同体。让铸剑为犁、永不再战的理念深植人心，让发展繁荣、公平正义的理念践行人间！

谢谢各位。

附录二

联

联合国主要机构

大会

安全理事会

经济及社会理事会

秘书处

国际法院

托管理事会[4]

附属机构*
- 主要和其他会期委员会
- 裁军委员会
- 人权理事会
- 国际法委员会
- 常设委员会及特设机构

方案和基金*
- 贸发会议 联合国贸易和发展会议
  - 贸易中心 国际贸易中心(贸发会议/世贸组
- 开发署 联合国开发计划署
  - 资发基金 联合国资本发展基金
  - 联合国志愿人员组织
- 环境署 联合国环境规划署
- 人口基金 联合国人口基金
- 人居署 联合国人类住区规划署
- 难民署 联合国难民事务高级专员办事处

附属机构*
- 反恐怖主义委员会
- 卢旺达问题国际刑事法庭(卢旺达问题国际法庭)
- 前南斯拉夫问题国际刑事法庭(前南问题国际法庭)
- 军事参谋团
- 维持和平行动及政治特派团
- 制裁委员会(特设)
- 常设委员会及特设机构

职司委员会*
- 预防犯罪和刑事司法委员会
- 麻醉药品委员会
- 人口与发展委员会
- 科学和技术促进发展委员会
- 社会发展委员会
- 统计委员会
- 妇女地位委员会
- 可持续发展委员会
- 联合国森林论坛

区域委员会*
- 非洲经委会 非洲经济委员会
- 欧洲经委会 欧洲经济委员会
- 拉加经委会 拉丁美洲和加勒比经济委员会
- 亚太经社会 亚洲及太平洋经济社会委员会
- 西亚经社会 西亚经济社会委员会

部和厅*
- 秘书长办公厅
- 经社部 经济和社会事务部
- 外勤部 外勤支助部
- 大会部 大会和会议管理部
- 管理部 管理事务部
- 政治部 政治事务部
- 新闻部
- 维和部 维持和平行动部
- 安保部 安全和安保部
- 人道协调厅 人道主义事务协调厅
- 人权高专办 联合国人权事务高级专员办事处
- 监督厅 内部监督事务厅
- 法律厅 法律事务厅
- 非洲顾问办 非洲问题特别顾问办公

系统

儿基会　联合国儿童基金会
禁毒办　联合国毒品和犯罪问题办公室
近东救济工程处[1]　联合国近东巴勒斯坦难民救济和工程处
妇女署　联合国促进性别平等和增强妇女权能署
粮食署　世界粮食计划署

■ 研究和训练机构*

犯罪司法所　联合国区域间犯罪和司法研究所
裁研所[1]　联合国裁军研究所
训研所　联合国训练研究所

■ 咨询附属机构

联合国建设和平委员会

■ 专门机构[3]

劳工组织　国际劳工组织
粮农组织　联合国粮食及农业组织
教科文组织　联合国教育、科学及文化组织
世卫组织　世界卫生组织
世界银行集团
　· 世界银行　国际复兴开发银行
　· 开发协会　国际开发协会
　· 金融公司　国际金融公司
　· 多边投资担保机构
　· 解决投资争端国际中心
基金组织　国际货币基金组织

社发所　联合国社会发展研究所
联合国系统职员学院
联合国大学

■ 其他实体*

艾滋病署　联合国艾滋病毒/艾滋病联合规划署
减灾战略　联合国国际减少灾害战略
项目厅　联合国项目事务厅

■ 相关组织*

禁核试组织筹委会　全面禁止核试验条约组织筹备委员会
原子能机构[2]　国际原子能机构
禁化武组织　禁止化学武器组织
世贸组织　世界贸易组织

国际民航组织　国际民用航空组织
海事组织　国际海事组织
国际电联　国际电信联盟
万国邮联　万国邮政联盟
气象组织　世界气象组织
知识产权组织　世界知识产权组织
农发基金　国际农业发展基金
工发组织　联合国工业发展组织
世旅组织　世界旅游组织

员会及专家、特设及

童与冲突问题秘特办　负责儿童与武装冲突问
题的秘书长特别代表办公室
厅　联合国裁军事务厅
瓦办事处　联合国日内瓦办事处
不发达等国家高级办　联合国最不发达国家、
内陆发展中国家和小岛屿发展中国家高级代
表办事处
毕办事处　联合国内罗毕办事处
纳办事处　联合国维也纳办事处

注：

[1] 近东救济工程处和裁研所只向大会报告。
[2] 原子能机构向安全理事会和大会报告。
[3] 专门机构作为自治组织在政府间一级通过经社理事会的协商机制与联合国及其他自治组织开展合作；在秘书处间一级通过行政首长协调会开展合作。在本节中，排名以这些组织作为联合国专门机构设立的先后顺序为准。
[4] 随着剩下的最后一个联合国托管领土帕劳于1994年10月1日取得独立，托管理事会于1994年11月1日停止运作。
* 按英文先后顺序排列。
该表格并非联合国正式文件，也未求无一遗漏。

The Uni

UN Principal Organs

- General Assembly
- Security Council
- Economic and Social Council
- Secretariat
- International Court of Justice
- Trusteeship Council[5]

Subsidiary Bodies (General Assembly)

- Main and other sessional committees
- Disarmament Commission
- Human Rights Council
- International Law Commission
- Standing committees and ad hoc bodies

Programmes and Funds

- **UNCTAD** United Nations Conference on Trade and D
  - **ITC** International Trade Centre (UNCTAD/WTO)
- **UNDP** United Nations Development Programme
  - **UNCDF** United Nations Capital Development F
  - **UNV** United Nations Volunteers
- **UNEP** United Nations Environment Programme
- **UNFPA** United Nations Population Fund
- **UN-HABITAT** United Nations Human Settlements Pro
- **UNHCR** Office of the United Nations High Commissio
- **UNICEF** United Nations Children's Fund

Subsidiary Bodies (Security Council)

- Counter-terrorism committees
- International Criminal Tribunal for Rwanda (ICTR)
- International Criminal Tribunal for the former Yugoslavia (ICTY)
- Military Staff Committee
- Peacekeeping operations and political missi
- Sanctions committees (ad hoc)
- Standing committees and ad hoc bodies

Functional Commissions

- Crime Prevention and Criminal Justice
- Narcotic Drugs
- Population and Development
- Science and Technology for Development
- Social Development
- Statistics
- Status of Women
- Sustainable Development
- United Nations Forum on Forests

Regional Commissions

- **ECA** Economic Commission for Africa
- **ECE** Economic Commission for Europe
- **ECLAC** Economic Commission for Latin America and the Caribbean
- **ESCAP** Economic and Social Commission for Asia and the Pacific
- **ESCWA** Economic and Social Commission for Western Asia

Departments and Offices

- **EOSG** Executive Office of the Secretary-General
- **DESA** Department of Economic and Social Affairs
- **DFS** Department of Field Support
- **DGACM** Department for General Assembly and Conference Management
- **DM** Department of Management
- **DPA** Department of Political Affairs
- **DPI** Department of Public Inform
- **DPKO** Department of Peacekeep
- **DSS** Department of Safety and S
- **OCHA** Office for the Coordination
- **OHCHR** Office of the United Nc for Human Rights
- **OIOS** Office of Internal Oversigh
- **OLA** Office of Legal Affairs
- **OSAA** Office of the Special Adv

Nations System

UNODC United Nations Office on Drugs and Crime
UNRWA[1] United Nations Relief and Works Agency for Palestine Refugees in the Near East
UN-Women United Nations Entity for Gender Equality and the Empowerment of Women
WFP World Food Programme

Research and Training Institutes

UNICRI United Nations Interregional Crime and Justice Research Institute
UNIDIR[1] United Nations Institute for Disarmament Research

UNITAR United Nations Institute for Training and Research
UNRISD United Nations Research Institute for Social Development
UNSSC United Nations System Staff College
UNU United Nations University

Other Entities

UNAIDS Joint United Nations Programme on HIV/AIDS
UNISDR United Nations International Strategy for Disaster Reduction
UNOPS United Nations Office for Project Services

Advisory Subsidiary Body

United Nations Peacebuilding Commission

Related Organizations

CTBTO PrepCom Preparatory Commission for the Comprehensive Nuclear-Test-Ban Treaty Organization
IAEA[2] International Atomic Energy Agency
OPCW Organisation for the Prohibition of Chemical Weapons
WTO[3] World Trade Organization

Specialized Agencies[4]

ILO International Labour Organization
FAO Food and Agriculture Organization of the United Nations
UNESCO United Nations Educational, Scientific and Cultural Organization
WHO World Health Organization

World Bank Group

- **IBRD** International Bank for Reconstruction and Development
- **IDA** International Development Association
- **IFC** International Finance Corporation
- **MIGA** Multilateral Investment Guarantee Agency
- **ICSID** International Centre for Settlement of Investment Disputes

IMF International Monetary Fund
ICAO International Civil Aviation Organization
IMO International Maritime Organization
ITU International Telecommunication Union
UPU Universal Postal Union
WMO World Meteorological Organization
WIPO World Intellectual Property Organization
IFAD International Fund for Agricultural Development
UNIDO United Nations Industrial Development Organization
UNWTO World Tourism Organization

OSRSG/CAAC Office of the Special Representative of the Secretary-General for Children and Armed Conflict
UNODA Office for Disarmament Affairs
UNOG United Nations Office at Geneva
UN-OHRLLS Office of the High Representative for the Least Developed Countries, Landlocked Developing Countries and Small Island Developing States
UNON United Nations Office at Nairobi
UNOV United Nations Office at Vienna

NOTES:

[1] UNRWA and UNIDIR report only to the General Assembly.

[2] IAEA reports to the Security Council and the General Assembly.

[3] WTO has no reporting obligation to the General Assembly (GA) but contributes on an ad-hoc basis to GA and ECOSOC work inter alia on finance and developmental issues.

[4] Specialized agencies are autonomous organizations working with the UN and each other through the coordinating machinery of ECOSOC at the intergovernmental level, and through the Chief Executives Board for Coordination (CEB) at the inter-secretariat level. This section is listed in order of establishment of these organizations as specialized agencies of the United Nations.

[5] The Trusteeship Council suspended operation on 1 November 1994 with the independence of Palau, the last remaining United Nations Trust Territory, on 1 October 1994.

This is not an official document of the United Nations, nor is it intended to be all-inclusive.

参 考 文 献

[1] 中国联合国协会.模拟联合国指南[M].成都:四川人民出版社,2006.

[2] 中国外交部.中国外交白皮书[M].北京:世界知识出版社,2018.

[3] 中国外交部.世界知识年鉴[M].北京:世界知识出版社,2017.

[4] 刘志贤,张海滨.联合国70周年:成就与挑战[M].北京:世界知识出版社,2016.

[5] 中国联合国协会.中国模拟联合国大会指导手册[M].北京:中国人民大学出版社,2015.

[6] 王逸舟.创造性介入:中国外交的转型[M].北京:北京大学出版社,2015.

[7] 陈健.外交让世界走向和谐[M].北京:中国人民大学出版社,2012.

[8] 李铁城,邓秀杰.联合国简明教程[M].北京:北京大学出版社,2015.

[9] 肖肃,朱天祥.和平与发展:联合国使命与中国方案[M].北京:时事出版社,2017.

[10] 贾烈英.新时代的全球格局与人类命运:大使看世界[M].北京:时事出版社,2018.

[11] MULDOON J P. The Model United Nations Revisited[J]. Simulation&Gaming,1995,26(6):27-35.

[12] 巴家云.略论仰韶文化半坡类型的社会经济生活[J].中原文物,1996(1):49-55.